[说透品牌因果 ◎ 唤醒商业智慧]

因果品牌

品牌快速崛起的底层逻辑

梁宏宁 ◎著

中华工商联合出版社

图书在版编目（CIP）数据

因果品牌：品牌快速崛起的底层逻辑／梁宏宁著
. -- 北京：中华工商联合出版社，2023.6
　ISBN 978-7-5158-3681-2

Ⅰ. ①因… Ⅱ. ①梁… Ⅲ. ①品牌-企业管理 Ⅳ.
① F273.2

中国国家版本馆 CIP 数据核字（2023）第 084859 号

因果品牌：品牌快速崛起的底层逻辑

作　　者：	梁宏宁
出 品 人：	刘　刚
责任编辑：	吴建新
绘　　图：	古　玄
装帧设计：	锐言设计
责任审读：	付德华
责任印制：	迈致红
出版发行：	中华工商联合出版社有限责任公司
印　　刷：	北京毅峰迅捷印刷有限公司
版　　次：	2023 年 7 月第 1 版
印　　次：	2023 年 7 月第 1 次印刷
开　　本：	145mm×210mm　1/32
字　　数：	115 千字
印　　张：	7.5
书　　号：	ISBN 978-7-5158-3681-2
定　　价：	68.00 元

服务热线：010-58301130-0（前台）
销售热线：010-58302977（网店部）
　　　　　010-58302166（门店部）
　　　　　010-58302837（馆配部、新媒体部）
　　　　　010-58302813（团购部）
地址邮编：北京市西城区西环广场 A 座
　　　　　19-20 层，100044
http://www.chgslcbs.cn
投稿热线：010-58302907（总编室）
投稿邮箱：1621239583@qq.com

工商联版图书
版权所有　盗版必究

凡本社图书出现印装质量问题，
请与印务部联系。

联系电话：010-58302915

目　录

推荐序：由设计到营销 /001
推荐序：正信品牌因果 /004
自　　序：品牌可以快速崛起 /006

第壹境　识因果：说透品牌的前因后果

了悟品牌，摆脱品牌束缚 /002

同质常态化，品牌刚需化 /007

风口铸成品牌，真心保住品牌 /009

创始人的格局决定品牌成败 /013

品牌营销的本质 /015

品牌营销的过程 /017

因果品牌原理 /019

正信品牌的力量 /025

因果品牌，长久不衰 /029

第贰境　破观念：带你走出品牌的误区

误区一：企业刚起步不要做品牌，先卖产品保生存 /032

001

误区二：做品牌就是烧钱做广告 /034

误区三：现在生意很好，没必要做品牌 /037

误区四：品牌基因就是创始人的情怀 /040

误区五：只要品质好，产品绝对不愁卖 /042

误区六：企业做久了自然就是品牌。/044

误区七：把规模做大才是品牌。/046

误区八：产品包装漂亮就能热卖 /047

误区九：请明星代言能很快成就品牌 /050

误区十：学成功品牌的方法定能成功 /052

第叁境 树正知：每个企业都可以成就品牌

消费者为什么需要品牌 /056

其实每个人都是品牌 /059

企业越小越要品牌先行 /062

战场在人心不在市场 /065

认知大于真相 /067

品牌六字真言 /075

商业是关于善的艺术 /081

第肆境 观本质：品牌营销背后的驱动力

品牌营销进化论 /090

消费需求冰山原理 /096

品牌成长逻辑 /101

品牌营销的四个维度 /107

第伍境 问因果：品牌自我诊断六问法

第一问：我是谁——找到清晰的品牌定位 /121

第二问：我存在的意义是什么——明确品牌的价值 /123

第三问：我在卖什么——定义差异化的品类 /125

第四问：谁想要我——找到精准的目标用户 /127

第五问：为什么想要我——给消费者一个购买理由 /129

第六问：为什么分享我——为用户创造价值 /131

第陆境 用方法：品牌快速崛起的超级方法

品牌八法：让品牌快速崛起 /136

方法一：找出真心 /138

方法二：给出承诺 /142

方法三：设定身份 /145

方法四：开设入口 /149

方法五：营造场景 /156

方法六：讲述故事 /159

方法七：创新仪式 /161

方法八：疯狂传播 /162

第柒境 开智慧：打造品牌的终极思维

智者问因，愚者求果 /169

方法不空生，真心要应物 /172

心怀善念，锐者言心 /176

借势而行，因果相随 /177

第捌境 讲实例：品牌从 0 到 1 的蜕变过程

讲实例一： 农业品牌 / 南珠妹品牌全案 /180

讲实例二： 母婴护理品牌 / 保善佳品牌全案 /184

讲实例三： 蛋糕品牌 / 珈珈米苏品牌全案 /188

讲实例四： 粮油特产品牌 / 红耕谣品牌全案 /192

讲实例五： 饮用水品牌 / 善随行巴马天然水品牌全案 /196

讲实例六： 蓄电池品牌 / 启旺品牌全案 /200

讲实例七： 大米品牌 / 喜和悦品牌全案 /204

讲实例八： 二手车品牌 / 红冠马品牌全案 /208

所有的品牌都值得称赞 /214

后 记 /216

说透品牌因果
唤醒商业智慧

资深品牌战略咨询师
锐言品牌创始人、创意总监
国际设计师协会会员
荣获50多项国内外设计奖
多家品牌常年顾问
锐言品牌说发起人

推荐序

◎由设计到营销

20年前，山西设计界举办"山西平面设计精英12人展"，我在为此展览准备作品，同时也作为客座教师给梁宏宁和他的同学们上课。展览的主要作品是海报，而宏宁他们的课程也是海报设计，于是我就带着同学们来到展览现场，一边参观一边讲解，这个课外课激发了宏宁要成为我的弟子的决心。藉以此，宏宁跟我有了七年亦师亦友的一起做设计的生活历程。

他学习设计不久，就显现出出众的领悟能力和表达能力，在课堂上制作的海报作品便获得了设计奖项。几年间，他涉猎平面设计的多个领域，如品牌形象设计、产品包装设计、杂志期刊设计、图书画册设计……一份耕耘一份收获，他成长为有经验有水平的成熟设计师，多达几十项的获奖证书纷至沓来，其中不乏国际著名的被誉为设计界"奥斯卡奖"的意大利A设计奖、国际五大权威海报展之一的芬兰拉赫蒂国际海报三年展获奖作品等重要奖项。

在宏宁的专业成长道路上我觉得有两个阶段，第一阶段是作为独立设计师的品牌设计实践，多年以来他的客户群体由广西、山西延伸到全国各地。他成功为南方黑芝麻、融桂物流集团等企业塑造了品牌形象，受到了市场的青睐。在这个阶段中，他一直不满足于只做设计工作，主动去感悟品牌营销之法。第二阶段是站在品牌经营者的角度，通过不断的实践，逐步完善其理论，最终形成了独特的适应于中国企业打造品牌的方法论和思维体系，并不遗余力地进行了近百场演讲来推广，为企业经营者带去了福音。

这些年，宏宁不断修为和提升自己，从学业到专业，从平面设计到品牌营销，他依托自身文化的滋养，不断尝试和探索品牌设计师的市场营销身份。他的《因果品牌：品牌快速崛起的底层逻辑》一书，真正说透品牌的前因后果，让创业者真正了解品牌的发展规律，更能为企业打造品牌提供简便易行的新方法，进而推动中国品牌营销的发展。

山西省平面设计学会副会长兼秘书长
著名设计师、高级工艺美术师
山西工程科技职业大学教师

推荐序

◎ 正信品牌因果

与妙心的结缘,已有十余年。他热爱品牌建设事业,能用心融入品牌建设工作之中,挖掘品牌的根,是一个难得而有慧根的人。

应机随缘,我将多年修行证悟的因果心得,一一授与妙心。因其好学与根性好,进步神速。能将因果与品牌结合,经过妙心的不断消化、融合和证悟,慢慢地走上了因果品牌系统之路,助力许多中小企业品牌的建设和发展,唤醒了许多中小企业家的商业智慧,成就了一个个因果品牌佳话。

其间,他又开设了"锐言品牌说"活动,已历六十多期。"说透品牌因果,唤醒商业智慧",这让妙心在一次次的活动实践中不断成长,同时也一次次地唤醒了与会的有缘人。

愿妙心所著的《因果品牌：品牌快速崛起的底层逻辑》一书，能与众多企业家结缘，正信品牌因果，唤醒商业智慧。让更多企业家能成为了悟因果、利益众生的智慧之商，成为众善奉行、自利利他的济世之商。

菩提行者
玄墨艺术家

自序

◎品牌可以快速崛起

从事品牌咨询近20年来,我发现每个企业在行业变迁的时候,都会面临巨大的挑战,有的甚至会倒闭。即使每天都有非常多的解决方案,但大部分企业的问题依然没有解决。在过去的每个时代,每个企业都在努力寻找构建品牌的正确方法,有些企业创始人甚至花巨额费用去学习各种关于品牌建设的课程,但是依然成就不了一个品牌。曾经的我也在为了帮助企业解决各种问题而一筹莫展,很多企业的能力、资源、资金、团队等都是完备的,为什么就是做不起来;有些公司一无所有,就连产品都不是自己的,竟然能快速崛起;还有很多企业的产品品质一流,却不如品质一般的企业,每个企业家都在努力付出,但是回报却有天壤之别,究竟是什么原因呢?

我是品牌设计师出身,最初的我和很多企业家一样,认为处理好商标设计、视觉设计、包装设计等因素就是一个品牌了。但是亲眼目睹了很多企业的失败后,我不断探索发现,视觉层面的设计,仅仅是品牌与消费者沟通的一种方式,并不是品牌的全部,甚至设计方向的呈现也找不到标准,往往是企业创始人和领导根据自己的认知和喜好定下来的,忽略了消费者的喜好和需求,这就是很多企业失败的根本原因。

对于大部分企业来讲,都希望打造属于自己的品牌,但是过去无数惨烈的失败现象,让他们望而却步,缺乏对品牌的认知,被很多成功与失败的案例影响着自己的决策。他们认为能成功的都是大企业,做品牌都要烧钱,刚开始起步不宜考虑品牌,必须要先生存,风口才是品牌成功的核心,等等。这些认知束缚着他们,用过去的思维和方法看待现在和未来,试图通过各种工具和商业模式得到一个好结果。然而,这只是想象出来的结果,毫无根据,不仅错失成功的机缘,甚至丧失生存的能力。企业领导者的思维才是最核心的因素，如果一味地追求眼前利益，解决眼前问题，在这个不断变化的时代，只会让企业的生死周期越来越短。

在求知探索的路上，有幸得闻佛法，对佛法生起信心，敬畏因果，并得到圣玄师父的加持和悉心引路。经过不断的探索和印证，我发现了品牌背后的奥秘，看似复杂的品牌和商业，其实遵循着一个简单有序的自然规律。当我发现这个规律后，为了唤醒企业家和创业者对品牌的正确认知，我决定将我的发现和感受分享给更多的有缘人，希望力所能及地帮助企业脱离困境，让与本书有缘的企业少走弯路。通过说透品牌因果，唤醒企业家和创业者的商业智慧，透过纷繁复杂的商业表象，了解商业的底层逻辑，让中国更多的企业走上品牌之路，让中国品牌崛起，走向世界。

《因果品牌》是一个让品牌快速崛起的超级思维，是一套通俗易懂的底层逻辑，是一个超级落地的品牌构建法门。通过识因果，了解品牌成功的前因后果，破除旧的认知，树立新的认知；通过观本质，树正知，让企业健康稳健的发展，长久不衰；通过塑造品牌的真心、真言、真行三大系统和八个具体的步骤，助力有品牌梦想的企业和个人快速打造品牌。

资深品牌战略咨询师
锐言品牌公司创始人

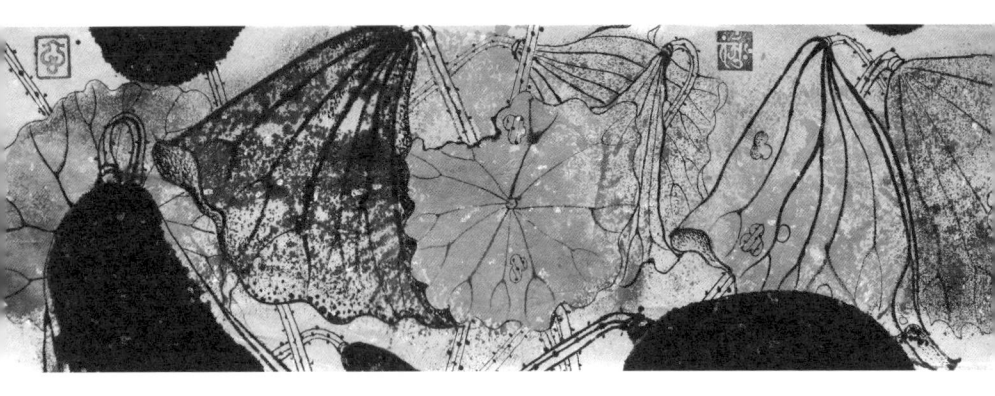

第壹境

识 因果
说透品牌的前因后果

　　很多品牌成功了，并不知道做对了什么；很多品牌失败了，也不知道做错了什么。看似成功的品牌有很多只是昙花一现，失败的品牌却无数次地以不同的姿势掉进了同一个陷阱里。因为每一次成败都有复杂的因果关系，这是自然的规律，也是一切事物的发展规律，更是品牌的因果规律。打造品牌，识因果至关重要，甚至会决定品牌的生与死。

◎了悟品牌，摆脱品牌束缚

品牌对于很多人来说，是非常神秘的物种，看不懂也摸不到它。在品牌的世界里，会有很多企业迷失了自己，他们想要品牌，但是又不知道如何得到，以为品牌是一个具体的东西，可以拿回家存起来。如果有这样的思维，就会被品牌束缚，本来品牌就不代表某一个具象的东西，也没有一个具象的东西能代表品牌。

品牌可以让产品更好卖，也可以让产品卖得更贵；可以让消费者更加信任企业，也可以让企业经营得更久。但是却有人说只要产品好，就能把产品卖好，不需要品牌，结果却差强人意；有人说企业做大了，自然就是品牌，结果看似超级大牌的企业却在一夜之间倒闭了；有人说风口对了做什么都成功，品牌没什么用，结果风停了摔地最惨的就是飞得高的那个。

到底风口重要、广告重要、产品重要，还是品牌重要呢？众多问题困扰着创业者，让企业经营无所适从。当我们不了解品牌的时候，品牌的一切就是束缚我们的枷锁，我们要摆脱这些束缚，就要直面品牌，了悟品牌的前因后果，而不是逃避，甚至找各种理由不做品牌。

那么，什么是品牌呢？我们如何才能正确地理解品牌，看透品牌的底层逻辑呢？国内外对品牌的定义已经非常多，正是因为说法太多，才会让创业者陷入谜团。有的说品牌是产品的商标，有的说品牌是产品在消费者心里的印象，所有的观点都没有错，只是说法不同，我更倾向于"品牌是企业或产品存在受众心里的认知"。这意味着，品牌唯一存在的地方，是在消费者的"心"里，而不是在企业的手里。所以说，能摄人心的品牌才能赢得消费者的心，把品牌送到消费者的心里，企业才有可能兴旺发达，长久发展。

任何品牌想要成功，都要有这四个思维：
第一，品牌存在于消费者心里，不在企业手里；
第二，品牌的言行决定了受众对品牌的认知；
第三，品牌的价值取决于是否为用户创造了价值；
第四，品牌必须具备利他之心。

能摄人心的品牌必定是利益众生的品牌，能利益消费者、利益行业、利益社会、利益全人类。如果品牌只为自己，消费者不需要你，行业不需要你，社会不需要你，你也就没有存在于市场上的理由了。

随着时代的进步，产品更新迭代的速度越来越快，而且抗周期性非常差，不可持续。因为产品无法深入人心，只有品牌才可以深入人心；因为产品不断被淘汰，品牌不会被淘汰；因为产品是流水的兵，品牌是铁打的营盘。不管产品如何改变，深入人心的品牌抗周期性非常强，可以成就十年、百年、千年品牌，而产品不行。

有很多品牌看起来非常成功，为什么生命周期却非常短暂呢？这是因为，当外界因素发生变化时，企业习惯于趋利避害，为了赚取更多的财富，选择了更为便利的路径，不知不觉改变了原来的真心，或者根本没有真心。真心是品牌发展的源动力，如果真心一旦动摇，品牌在消费者心中的认知就会随之发生改变，品牌自然走向灭亡。这也说明了，为什么很多企业看似赚了不少钱，最终却陷入了困境，面临品牌消亡的风险，如果企业管理者不了悟品牌的前因后果，永远都不会知道品牌为什么会失败。

任何人都不可否认，任何事物的发展都是有规律和循序渐进的，商业也是如此，品牌更是如此。我经常用农民种地的规律来说明这个问题，也许是因为我小时候在农村长大，对农作物的生长过程感知比较深刻。我发现作物的生长所揭示的自然规律，正是一切事物的规律。

当我们想要收获西瓜，一定是要选西瓜种子，才能种出西瓜，如果选了豆子的种子，就只能种出豆子，这就是种瓜得瓜、种豆得豆的道理。结什么果，由种子决定，我相信这是人人都明白的道理。如果选了西瓜种子，种植的时候就需要根据西瓜生长的规律，选用种植西瓜的方法，比如在什么地区、什么时节适合种，如何育苗、种植、浇水、施肥、剪枝、授粉、栽瓜，等等，最终才会收获西瓜。但是我们会发现一种现象，在同一个村里，不同的人种出来的西瓜有大有小，有好有坏，有的甜有的不甜。这是为什么呢？

世界万物皆由因缘和合而成，因是种子，缘是外界助力，比如阳光、土地、水、空气、种植者等因素，这些都是令种子得以发芽、生长、开花、结果的助缘。好的种子加上好的助缘，才有可能结出好的果实。有因无缘，就没有果；有缘无因，也没有果。这就应了一句话：有缘无份。没有因，即使缘再好，也不可能结果。这就说明了，为什么一样的种子，种出来的西瓜却有大小、好坏之分。那是因为缘的成分不同，就会呈现不同的果，这就是自然规律。

◎同质常态化，品牌刚需化

当产品同质化严重时，产品销售要么很难，要么卖得很便宜，导致利润率很低，企业难以生存。于是企业就想出了开发不同渠道，打破销售困境，当所有企业都以同样的方式解决问题时，渠道也变得同质化，所有企业又陷入同样的困境。于是企业开始做广告，人人都去做广告，最后广告也变得同质化。不同时代都会演化出来不同的销售手段，先是线下，再到线上电商，再到线上线下结合，再到直播电商或者称之为兴趣电商，未来还会出现各种商业形态，但是不管出现多少种销售形态，最后都无一例外——被同质化。

同质常态化，企业的生存就会不断受到威胁，不是企业做得不够好，而是消费者很难抉择。当消费者眼前出现太多同质化的东西时，企业要解决的问题就是如何帮助消费者快速找到他想要的品牌。在几十上百个相同的产品面前，消费者的选择不再以产品本身作为选择的标准，而是以消费者内心喜欢的品牌作为选择的唯一标准。消费者需要产品，但是他们想要某个品牌来表达自己，所以品牌才是刚需。很多企业失败的原因就是给了消费者需要的产品，却没有给消费者想要的品牌。

产品、渠道、营销等一切为了将产品卖给消费者的手段，都会被同质化，只有消费者内心对品牌的喜好，才不会被同质化，只有品牌价值才会出现真正的差异化。因此，品牌价值才是销量和利润持续增长的源动力。

◎风口铸成品牌，真心保住品牌

当我们了解了因果规律之后就能看明白，风口只是外界的成长环境，品牌发心才是种子，我们应该如何选择也就不言而喻了。当风口到来时，所有企业急于去抓住风口，快速成就了企业。当风停的时候，有很多企业摔下来了，却有一些企业依然屹立不倒。摔下来的企业是因为本来就没有飞起来的基因，所以结果就摔得很惨；没摔下来的企业是因为他有种子，种子不会因为一场风、一场雨就会改变它的属性。

一颗西瓜种子发芽之后给它施肥，它长得更快，这就好比企业遇到风口发展很快。当我们没有给瓜苗施肥而只是浇水，瓜苗也会生长，也会开花结果，西瓜只是没有施肥时长得那么快、那么大而已，但它始终在生长。同样的道理：有真心的企业不惧怕时代变迁、市场变革，不管在任何时代都屹立不倒；而没有真心的企业，就像往没有种子的土地里施肥，不管施肥多少，始终长不出西瓜来，结果可想而知。把注意力放在肥料上而不放在种子上的企业太多太多了，就相当于只重风口、不见真心的品牌，最后必定是惨不忍睹的。

佛陀说过，人最大的敌人就是自己，我们所为，即是所想，善念成就善行，恶念成就恶行，这就是自然法则。做品牌也是同样的道理，好种子能成就好品牌，不好的种子只能成为坏品牌。

万物皆由因缘和合而生，品牌亦如此。有缘无因，则无果；有因无缘，亦无果；真因真缘，果自来。品牌脱离因（真心），即使有再好的缘（经营手段），也很难有好的结果；有很好的缘（经营手段），没有因（真心），即使看起来很成功的企业也会很快消亡。这其中的奥秘就是企业如果不遵循自然规律去发展，逆势而行，势必会自取灭亡。

纵观商业的历史长河中,无数名声大噪的品牌早已销声匿迹,按理来说如此巨大的企业抵御风险的能力应该很强才对,为何事实上却如此脆弱?多少人都在研究他们犯的错,引以为戒,以免重倒覆辙。但是人们总是在缘上找答案,却没有人去因上找答案。

善有善报,恶有恶报,这句话在商业中同样是真实不虚的。一个人的福气,由他的所做所为决定,一个企业的好坏亦是如此。有福气才能承载财富、健康、事业等。不管是个人还是企业,有多少福气才能承受多少的财富,如果福气不够,即使获得了巨大财富,也会以另外的方式让你失去更多,这也是人们常说的德不配位。福气来源于真心向善和利他。

为什么一些看起来超级大的品牌,一夜之间犹如石沉大海,销声匿迹,是因为企业只顾着追求规模、名气和销量,却忽略了种善因(社会责任)。企业如果只会追求财富,不去承担相应的社会责任,就会直接影响到企业的生存。如果想要企业经营得更久,就要学会利他、行善;如果你想让自己的品牌成为百年品牌,那就要种下百年品牌的种子;如果你想成为受人尊重的品牌,那就要种下受人尊重的品牌种子。所以说,品牌的发心使命,决定了品牌战略、经营活动、资源配置、产品结构、营销战略等。当企业以利益众生为因(使命)时,一切善缘(经营手段)就能为企业带来巨大的福报,企业生命周期自然不断延长。

◎创始人的格局决定品牌成败

如果创始人认为一个企业存在的理由就只是为自己创造财富、养家糊口，那么这个企业是不会有任何发展可言的，他最多只能称之为挣钱的工具，除了自己，不会有人愿意向这样的企业靠拢。只为自己的企业，只能自己做，利益大众的企业，才会得到各方的加持。

当创始人的格局足够大时，他就会懂得企业是用来解决社会问题的，帮助社会更好地维护生产生活的秩序，创造更多的社会财富，这样的企业必将成为伟大的企业。

我将无我，利益众生才是企业生存的根本，也是一个企业兴旺发达的基因。

很多企业为了打造品牌，通常学习很多方法，最后却被这些方法所困，没有方法前企业活得好好的，有了方法后反而越来越艰难，究竟是为什么？这就是创始人的认知边界没被打通，所有的方法自然不能发挥应有的作用。

所以，打造品牌有无数种方法，我们不可能都学完，而学方法不应该是我们的目的，利益大众的真心才是目的，千万不要本末倒置。

一切的经营活动必须要先找到企业的最终目的，也就是品牌利益大众的真心，才有法可用，正所谓"一心生万法，万法归一心"。比如汤姆斯布鞋，方法就一个——"买一赠一"。人人都会，但就是因为真心不同，所以结果不同。方法不在多，同样的方法后面他还用在另外一个眼镜品牌中，依然大获成功。他的真心很明确，就是帮助那些没有鞋穿的孩子、没有眼镜戴的孩子。

◎品牌营销的本质

众所周知,营销的目的是让产品好卖,让品牌值钱,那么,什么才是有效的营销呢?有人说是内容为王,有人说是流量为王,还有人说是渠道为王,这些说法似乎都很有道理。但是,为什么很多企业有了流量产品依然卖不出去,想尽办法进了渠道后,产品还是无人问津?归根结底就是因为不了解营销的本质,如果你的产品好卖一定是帮用户解决了痛点;你的品牌被人喜欢,一定是你的品牌帮助用户创造了价值。所以,只有建立在解决用户痛点上的营销,才是有效的营销。

当一个企业发现消费者痛点并发愿帮助消费者解除痛苦时,就为品牌种下了一个因,这也是一切营销的终极目标。各行各业的存在都是为了帮助消费者"离苦得乐"才有了价值,如果脱离了这一层,企业在社会上就没有了意义,对于消费者来讲也就没有了价值,企业就无法生存。

品牌价值的唯一体现方式就是不断帮助他人，帮助你的客户解决问题，帮助你的客户的客户解决问题，帮助行业解决问题，帮助社会解决问题。所有的营销都是为了能够实现帮助他人的目的，为他人创造价值，你的品牌才有价值，才会被消费者需要。如果你想知道你的营销策略好不好，这就是评判标准。汤姆斯就是通过送鞋这一件事情，帮助消费者满足了公益心，帮助贫穷的孩子有鞋穿并获得健康，帮助宣传他的人获得表达自己社会责任心的成就感。所以，品牌的营销完全是利他的，并没有解释产品本身的功能、特性还有价格。

◎品牌营销的过程

任何营销皆是借假修真，这里的真指的是品牌的真心，假指的是一切营销的手段，也是品牌在"相"上的呈现，都是借来一用的法，用完之后就没用了，所以称之为假；正因为有了品牌的真心（种子），营销（阳光、水）才有了意义。品牌没有真心就去做营销，就犹如土里没有种子，浇水施肥也是徒劳，这些努力一定是没有结果的，即使有时候看起来很成功，却没有抗风险能力，遇到一点变故，即刻毁灭，这就是执着于营销而不见真心的后果。一个品牌不管有多么成功，没有背后的那颗种子，一切都是泡影，消失只在一瞬间。如果企业只是为了卖产品而没有打造具有真心的品牌，那么，这样的品牌就是假品牌，随时都可能消失。一切借来成就品牌的人、事、物，比如产品、营销、广告、模式等，都会消失殆尽，只有真心不会消失，这就是品牌不灭的真理。

真心以外的一切"相"都是为了与消费者沟通的外在表象，是为方便消费者识别而存在。受众把看到的、听到的、闻到的、尝到的、接触到的当作真相。这些"相"会让受众产生不同程度的感受，从而采取不同程度的想法和行为，在心智中形成一定程度的认知，所有"相"都是借来让消费者认知真心的手段，所以称之为"假"，这就是品牌进入消费者心智的路径，这就是借假修真的营销本质。汤姆斯用行动证明了品牌承诺的可信度，消费者的认知、好莱坞明星的认知、所有人的认知，都在他一次次赠鞋中发生了改变。打造品牌就是改变消费者对品牌的认知，品牌的种子借助一切行为植入用户心智里，让种子在用户心中开花结果，形成真相。

◎因果品牌原理

品牌在创始人心中的样子和品牌在消费者心中的样子之间隔着一条鸿沟。创始人的真心是因，消费者的认知是果，如果因和果高度一致，甚至合二为一，那么这个品牌才能称之为成功的品牌，或者说是有价值的品牌。品牌的核心、创始人的真心和消费者的心三心合而为一，这就是品牌圆满的状态。

创始人的真心就是在"因位"上的品牌，消费者的认知是在"果位"上的品牌。从"因位"上的品牌变成"果位"上的品牌，就是品牌植入消费者心智的过程，需要经过一系列的经营活动与消费者沟通，这些活动就是企业日常的所作所为，我们也称之为助缘，有因有缘才有果。"因位"上是个有价值的品牌，中间部分的努力（助缘）才有了具体方向和方法，品牌当下呈现出来的一切人、事、物，称之为品牌之"相"。所以，"因位"上是个品牌，品牌之"相"才能发挥出沟通的作用，"果位"上的品牌才有可能成为有价值的品牌，这就是锐言因果品牌原理，如图1-1所示。

任何的果都是因缘和合而成。有因无缘，则无果；有缘无因，亦无果
品牌的因就是品牌的果。因在创始人心里，果在消费者心里

品牌价值系统	品牌沟通系统	品牌认知系统

真心解决一个问题
创始人的真心
品牌在创始人心中的样子

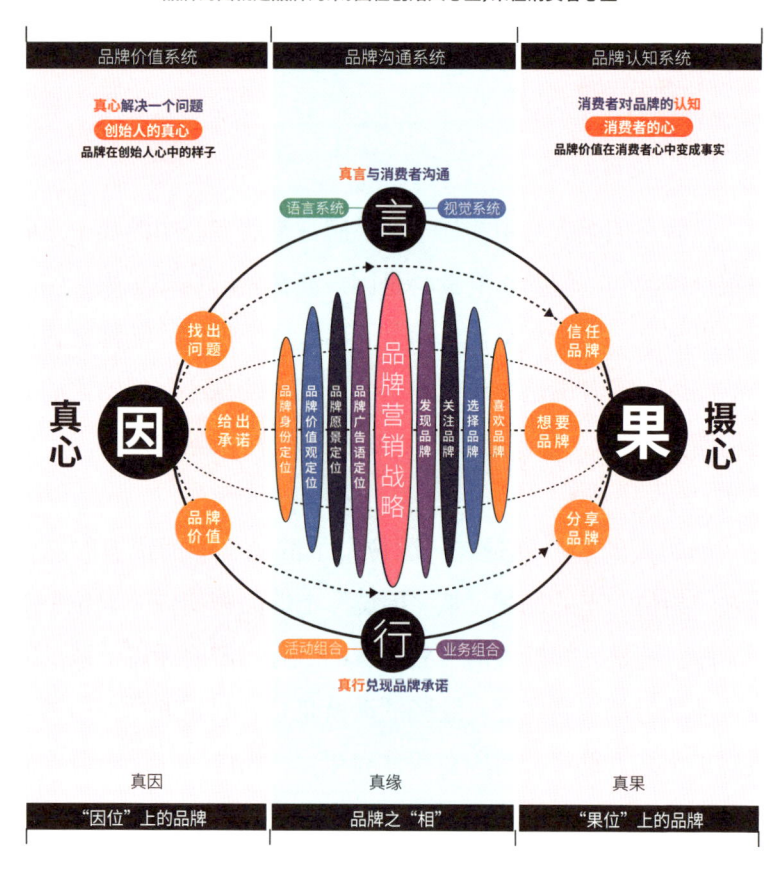

真言与消费者沟通
语言系统　视觉系统

消费者对品牌的认知
消费者的心
品牌价值在消费者心中变成事实

真心　因　　　言　　　果　摄心

找出问题
给出承诺
品牌价值

品牌身份定位
品牌价值观定位
品牌愿景定位
品牌广告语定位

品牌营销战略

发现品牌
关注品牌
选择品牌
喜欢品牌

信任品牌
想要品牌
分享品牌

行
活动组合　业务组合
真行兑现品牌承诺

真因	真缘	真果
"因位"上的品牌	品牌之"相"	"果位"上的品牌

图1-1　因果品牌原理

因果品牌三大系统：

品牌价值系统，是指"因位"上的品牌；

品牌沟通系统，是指品牌之相；

品牌认知系统，是指"果位"上的品牌。

如图1-2所示。

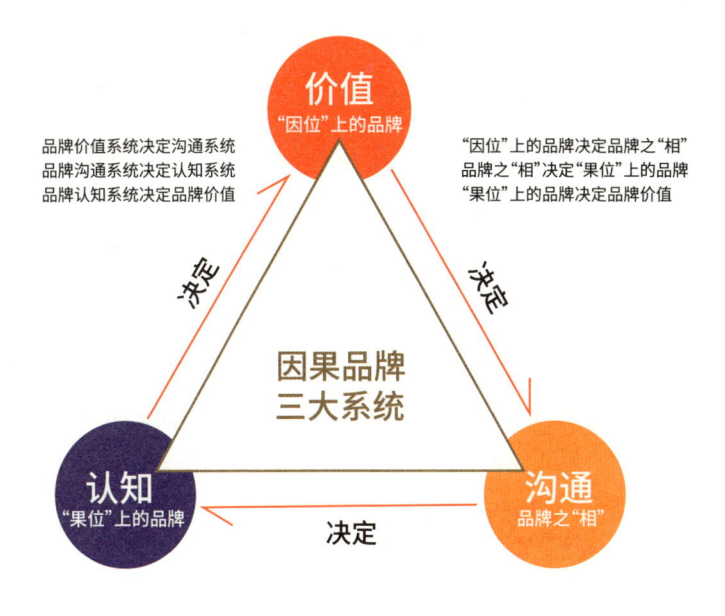

图1-2 因果品牌三大系统

品牌价值系统就是品牌之真心，称之为"因位"上的品牌，在品牌确定营销战略之前，品牌价值系统就应该已经规划完成了，也就是要先找出品牌的真心。

品牌沟通系统就是借品牌之"相"表达真心，是品牌营销的整体战略，也就是品牌和消费者沟通的方式。品牌营销的目标就是将"因位"上的品牌植入消费者的心里，让消费者形成对品牌的某种认知，变成"果位"上的品牌。品牌之"相"，就是能让消费者看得见、摸得着、听得见、尝得到、感受得到的一切事物。

品牌认知系统就是"果位"上的品牌，是品牌在消费者心智中的样子，消费者对企业的认知程度决定了品牌价值的高低，这就是摄人心的品牌结果。

有很多企业非常努力，但是却得不到消费者的认可。他们认为原因是广告做得不够多，产品做得不够好，于是不断地花钱解决产品的问题、广告的问题，但始终没能逃脱企业倒闭的命运。营销的目的就是将品牌价值传递到消费者心里，让消费者认可、想得到和分享这份价值，而不是为了营销而营销。如果他们早点读懂《因果品牌》，就会明白真正失败的原因。只要了解因果，遵循因果的规律做品牌，就不会走错了，更不会走弯路。对于很多企业来讲，只要方向对，不违背自然规律，也许会因为一些条件先天不足，企业发展会慢一点，但终究会开花结果。

因果品牌三大系统，不仅是做品牌的底层规律，更是企业经营决策的检测方法，如果你至今都没有找到品牌三大系统，那么你的经营一定很盲目，无法判定当下决策是否正确。品牌价值系统决定了品牌的价值；品牌沟通系统，决定了你能否将品牌价值精准地传递给消费者；品牌认知系统就是品牌在消费者心中的价值认知。只有消费者觉得你代表安全，你才代表安全，而不是你自己觉得安全，你就是安全。比如，当沃尔沃定位为安全的汽车后（品牌价值系统），通过各种言行和消费者沟通，证明安全的重要性和价值，将如何确保安全的各种措施传递给消费者（品牌沟通系统），最终消费者形成了"沃尔沃就是安全的汽车"的认知（品牌认知系统）。"因位"上品牌代表安全的汽车，"相"上呈现出来安全的价值和体验，"果位"上才有可能形成品牌等于安全的汽车的认知。要想将"因位"上的品牌，变成"果位"上的品牌，中间的"相"，即助缘（真言、真行）需要严格遵从真心（品牌价值系统），否则即使有了品牌价值系统，也很难改变消费者对企业的认知。反之，有了完善的沟通系统，品牌价值系统如果不清晰，最终消费者的认知系统也是模糊不清的，那就等于没有品牌价值。所以，因果品牌三大系统一定是有先后、有关联的，不是随便从一个地方入手就能成功。只要遵循品牌价值系统先行，沟通系统才有方向和方法，消费者的认知才能更加准确，品牌价值在消费者心中成为事实，就是品牌价值的体现。

品牌价值系统对应的是品牌的"因"，即"因位"上的品牌；品牌沟通系统对应的是助缘，即一切营销手段；品牌认知系统对应的是消费者对品牌的认知结果，即"果位"上的品牌，换句话讲就是品牌的承诺在消费者的心里变成了事实，消费者愿意为品牌价值买单，消费者想拥有品牌的价值。没有"因位"上的品牌，就不可能有"果位"上的品牌，即使"相"上的助缘（有资本、有好产品、有团队）再多，也不可能形成"果位"上的品牌，这就是品牌的因果规律。

只要遵循因果规律，再小的企业都可以健康发展，获得品牌价值的积累，获得品牌力的加持，摆脱价格战；种好因，必有果，种善因必能让企业兴旺发达，长久不衰。

"因位"上的品牌是真心，是品牌的价值和意义；品牌的"相"是真言、真行，是品牌触达消费者的眼、耳、鼻、舌、身、意的现象，是真心的外相；"果位"上的品牌是消费者对品牌的认知结果，是品牌在消费者心中的事实。

品牌不是一个结果，而是一个完整的因果系统。

——梁宏宁

◎正信品牌的力量

怀疑往往是智慧的克星，是阻碍我们打开认识边界的拦路虎。在生活中，很多人会盲目地怀疑和否定一些东西，好让别人觉得自己更聪明，殊不知这样会让自己与智慧渐行渐远。

当我开始决定写《因果品牌》这本书的时候，并不知道什么时候能完成，也不知道能不能完成，只是我内心坚信只要开始行动了，就会离目标越来越近，于是我把写书这件事变成了我的日常。我坚信只要每天完成一点点，就会离目标越来越近。如果连我都不相信自己能写书，那你永远都不会看到这本书。今天你看到了我写的书，应该归功于相信的力量，所以每个人都应该相信相信的力量。打造品牌也是一样的，只有正信品牌的力量，才能获得品牌的力量。

当我问创业者和企业家是否相信品牌的力量时，得到的答案是肯定的，但是为什么运营企业的时候却忽略了对品牌的打造呢？原因有三个，第一，不了解品牌逻辑；第二，没有足够的资金和团队打造品牌；第三，没有正信品牌。其中最重要的就是第三条，如果一个企业没有正信品牌的力量，那就意味着，遇到一些困难就会随时逃避或放弃。如果正信品牌，就会把品牌放到战略高度，任何困难都会为你让路。对品牌逻辑不了解可以学习提升，可以请专家为你保驾护航；如果没有资金，可以融资或者力所能及地构建品牌，不要把没钱当借口拒绝打造品牌。从0到1的成长，可以把脚步放慢，却不可停下脚步，或者改变方向，否则只能说明不正信品牌的力量。

这样的例子非常多，我曾经和一位创业者交流品牌构建的事情，他说自己非常想做品牌，听我讲完因果品牌后，很肯定地告诉我，品牌就是他的方向，但是他要等自己搞清楚品牌的所有东西，证明品牌能给他带来好处，他才会开始做。虽然他嘴里说相信品牌的力量，但是又纠结自己这样做会不会有用，这意味着他没有正信品牌的力量，他只相信他看见的东西。他为什么说自己相信呢？因为他看到别人成功的品牌呈现出来的结果是真的，但是不相信自己也能有所成就，这就是典型的不正信品牌，只相信自己的眼睛。这样的思维永远不可能开启品牌之路，而且永远不可能看到自己的品牌走向成功，因为他搞不清楚一个道理，先成功才相信，还是先相信才有可能付诸行动，然后到达成功的彼岸。有些创业者，为了自己的品牌真是煞费苦心，花费大量的资金去学习各种商业课程，但是始终没有用在自己的企业里，说出来都是一套套的理论，最后要落地的时候，就不断地找借口，比如说资金不够，运做不了，还学得不够多，先学习再说。永远迈不出第一步，这就是典型的不正信，并不是所有的东西都看到结果了才相信然后去做，而是先相信，才有去做的决心和解决困难的动力。

　　正信品牌的人，只问因不问果，相信只要行动了就可以看到结果。找到真心，道出真言，付出真行，结果自然就呈现出来。不正信品牌的人，求果不问因，只有看到结果才会去行动，往往是有缘无份，即使机会摆在眼前也抓不住。

歌者長言之也

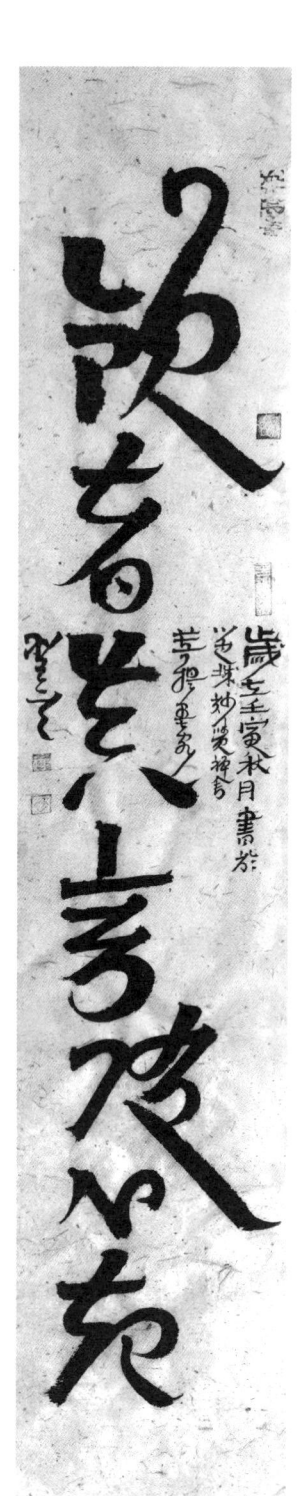

歲在壬寅秋月書於
芭蕉抽心齊檜舍

◎因果品牌，长久不衰

优势干不过趋势，相信大家经常听到这样的言语，那为什么有些企业非常有实力，却摆脱不了倒闭的命运呢？就是因为没有把握住趋势，这不是未卜先知的预测能力，而是对自然规律的了解，也可以说是了悟因果规律。符合因果规律的品牌才能长久不衰，也只有遵循因果规律的品牌才能称之为因果品牌。世界上那些顶级品牌、百年品牌，无不是因果品牌，无不是了悟因果品牌原理的品牌。

清音圖
歲在辛丑
莫野堂主人

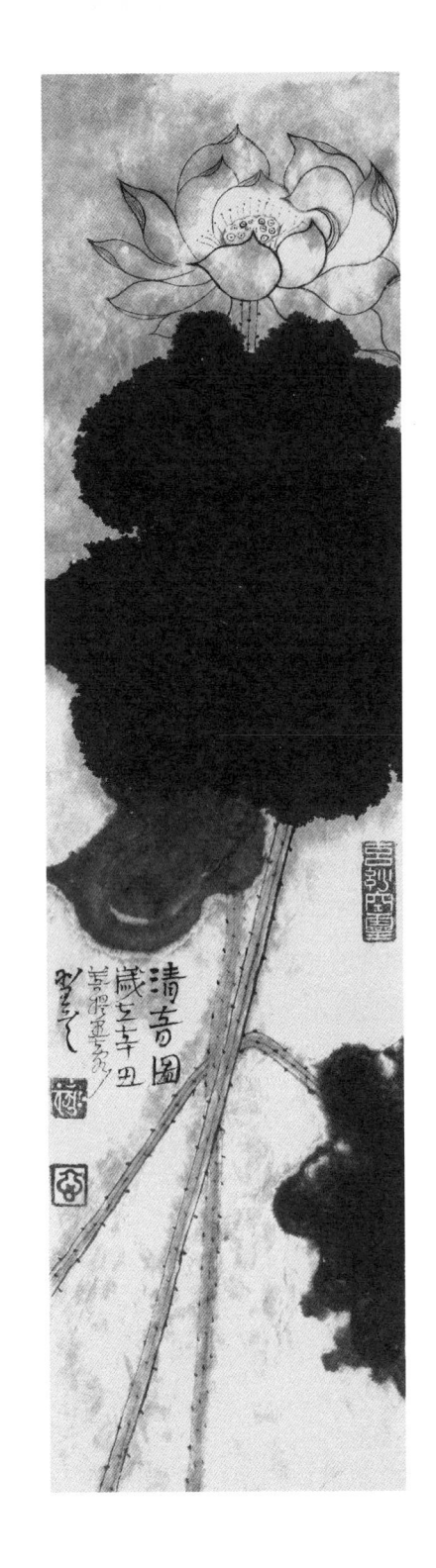

第贰境

破 观念
带你走出品牌的误区

　　品牌营销世界里到处都是"陷阱"，很多人学习各种营销方法和模式，但是依然无法达到营销的预期。又有很多人一直在品牌的门外徘徊不前，这也是陷阱之一，因为听信各种不究竟的言论，让自己否定了自己能成就品牌的条件。如果你对品牌营销不太了解，要么盲目使用各种方法，要么停止不前，错失成就品牌的良机。这些误区让很多企业做品牌也不是，不做品牌也不是，很多企业走了非常多的弯路之后，才幡然醒悟，但是为时已晚。接下来要为大家分享的这些误区，也许已经根深蒂固地成为一部分人推崇的"真理"，但是却"毒害"了不少企业。我希望通过对常见十大误区的拆解，能带你走出误区，走上正确的品牌之路。

◎误区一：
企业刚起步不要做品牌，先卖产品保生存

可以说很多本来可以成就品牌的中小企业，就是因为这句话，而拒绝打造品牌，最后产品卖不出去，剩下了很多库存，想要回头做品牌，资金却已经全部压在产品上了。

没有品牌，渠道不认，消费者不要，卖不动那是正常的。我经常讲，产品好，但是看起来不像个品牌，即使给你摆在最显眼的位置，也不一定有人买。即使请知名主播带货也卖不出你的产品，只因为你的产品没有身份，没有品牌。

你可以不是知名品牌，你可以不是百年品牌，你也不必是什么大品牌，但是你最起码应该是个品牌。也就是说，你要看起来像个品牌，消费者接触你之后感觉你是个完整的品牌，是有自己独特的文化价值主张的品牌，有自己独特的视觉，有自己独特的卖点，是一个能够给客户带来价值的品牌，和消费者有相同价值观的品牌。这些才是一个品牌的核心竞争力，有了这些你的产品才有可能卖得出去。

先卖货挣钱再做品牌的想法，简直就是痴人说梦。如果不做品牌都可以有好销量，那么谁还会做品牌呢？把大量资金投入品牌打造的企业不就是多此一举？所以，产品已经不是刚需，品牌才是刚需。不要再被那些言论"毒害"了，企业刚起步就要从品牌开始，而不是从卖货开始。营销前置，品牌先行，才能降低成本，少走弯路。

◎误区二：
做品牌就是烧钱做广告

绝大多数企业不做品牌的原因正是因为这句话，这句话让很多有实力的企业因为相信而投入大量的广告费，把品牌知名度做起来。他们一开始确实卖了很多产品，但是后面发现停止广告投入，销售量就会下滑，所以只能不停地花费巨额广告费，如此陷入恶性循环，把挣到的所有利润都拿去买流量了。随着时间的推移，流量成本越来越多，导致企业入不敷出，最后走向亏损。回顾历史长河，这样的例子比比皆是，20世纪90年代的标王时代，就是典型的烧钱做广告的时代，当时的秦池酒、爱多VCD、三株口服液等一批声名大噪的品牌，都在短短的三到五年内便走下神坛。

还有一些企业没有实力烧钱，但是却有很好的品牌潜质，也是因为这句话，停止了打造品牌的想法，苦苦经营产品几十年，虽然没有倒闭，却一直原地踏步，甚至被时代淘汰。很多传统企业的艰难之处，不是没有好产品，没有好技术，而是没有品牌意识。

所以，我们要正确看待品牌，用钱买来的流量不会长久，用心感召来的流量才能根深蒂固。首先，品牌是存在于消费者内心中对企业或产品的一种认知印象。我们做品牌就是为了改变消费者对品牌认知的程度，广告获得的是知名度，但是没有美誉度和分享度。广告带来的流量只是过客，不会积累成品牌资产，所以每年销售都要花费很大的代价来获得流量，这让产品销售成本变得越来越高，这是违背企业本质的。企业的本质是降低交易成本，违背了这一规律，社会就不再需要这个企业了，企业自然无法生存。

中小企业在资金不足的情况下，应该力所能及地构建能与目标消费者链接的品牌。从一个人到两个人，从一个区域到更大的区域，帮助消费者创造价值，让每一个遇见你的人都喜欢上你，而不是纯粹为了更多人知道你，纯粹地卖产品。做广告有广度却没有深度，只有美誉度和分享度才能沉淀品牌价值。

美誉度由使命决定，这是品牌的精神价值；分享度由价值观决定，与消费者的价值观共鸣，消费者才会把我们分享出去，这才是最有价值的传播。如果你不是想一夜之间出名，就没必要花费巨额广告费，当然如果你有这笔费用的话就另当别论。当你构建好品牌核心价值之后，你可以让每一个接触你的人都想得到你，主动分享你，这就是品牌的逆向打法。先服务一部分人，先做出分享度和美誉度，经过用户的分享裂变，最终达到人尽皆知，知名度也会变得很高。

一句话，有钱的先打造知名度，没钱的先打造分享度。也就是说中小企业、初创企业要先成为一个完整的品牌，见一个人就收一个人的心，不断裂变，不断成长。有钱没钱无非是推广环节的区别，有钱就大量做广告，没钱就少量做广告，量力而行，必将成就品牌。千万不要被"做品牌就是烧钱做广告"这样的言论蛊惑，最终错过实现品牌梦的良机。

先不说烧钱能不能成就品牌，回看历史，那些通过烧钱起来的品牌，今天已经基本不存在了，这其中的道理希望所有创业者都可以好好去感悟。别说没钱去烧，即使有钱也不建议通过烧钱去打造品牌，那样的品牌绝不牢靠，千万要谨记。

◎误区三：
现在生意很好，没必要做品牌

生意好的时候不做品牌，生意不好的时候做不起品牌。这是很多企业在行业变革前后的真实写照。

我们的世界时时刻刻都在变化，但是有很多人却试图让它保持不变，因为他们没有意识到这个世界的无常性，任何事物都有成住坏灭，缘起而生，缘散则灭，这是宇宙的规律。大到四季的变化，小到人体细胞的新陈代谢，是一刻都不停歇的。这也就意味着，我们现在看到的一切，下一秒就已经发生了变化，因为变化比较小，所以一般人没有意识到，或者觉得没有什么影响，就好比蚂蚁在水坝上筑巢，看起来没有什么变化，但是千里之堤毁于蚁穴，这是不争的事实。可是大部分人没有等到结果呈现就不会相信，小小的蚂蚁竟能摧毁大坝！

做品牌亦是如此，生意好的时候，大部分人认为生意会一直好下去，却没有意识到这个世界的变化就在瞬间，更何况一个行业呢？没有永恒的产品，也没有永恒的行业。当行业市场发生变化的时候,我们能做的就是如何更好地面对变化,而不是试图阻止变化。

很多企业在初创期的时候,把企业刚起步没有条件打造品牌当做拒绝做品牌的借口,当企业在上升期的时候,又以生意这么好没必要做品牌为由忽略做品牌,但是当企业进入衰退期的时候或断崖式下滑时,就真的没有条件做品牌,甚至没有机会做品牌了。

我认识一家教培行业公司的老板,做了十几年的K12教育,生意好是大家有目共睹的,因为那是绝对的刚需。但谁也没料到在2021年行业突然面临巨大调整,这就是无常的真实写照。但是对于这个公司来讲,由于过去十几年来没有积累任何的品牌资产,在消费者心中没有位置,导致产品没有了,企业也就没有价值了。如果过去十几年能找准品牌真心,不断提升和积累品牌价值,今天即使产品消失了,在消费者心中依然具有高价值感。只要消费者不离开,产品是可以创新重来的,不会对企业造成致命的打击,只是换了一种方式去实现品牌真心而已。当问题呈现在眼前时,他终于意识到了,过去只是想方设法把产品送到客户手中,并没有把品牌送到消费者心中,当产品失效时,消费者也就不再需要你,消费者不会记住你,品牌自然没有任何价值。现在想要开始做品牌,却发现和客户的链接没有了载体，没有了刚需的产品，就没有了进入用户心智的桥梁，徒有十几年的积累，却和一个刚注册的公司在消费者心里没有任何区别，认知都是零。由于企业的经营属性和多年的产品关联会受到影响，甚至还不如新注册的企业更容易被信任。这就是典型的例子，当生意好时，没能及时利用好刚需产品作为入口，将品牌价值植入消费者心中，现在产品价值消失了，就连链接消费者的载体都没有了，更不用说链接心智，想要打造品牌也打不起了。而同样是教培起家的新东方却不一样，坚持品牌化经营，让品牌在消费者心中形成一定的价值认知，当他转变经营方向的时候，消费者更愿意相信他，这就是品牌超强的抗风险能力。

◎误区四：
品牌基因就是创始人的情怀

创始人情怀常被误认为是品牌成功的基石，很多创业者把自己的情怀当做品牌文化卖给消费者，认为自己的情怀特别有文化、有价值。从某种角度来讲这并没有错，毕竟品牌的人格化有利于和消费者建立有效沟通，更有人情味，能够快速吸引和自己情怀类似的人。但是，我们不要陷入品牌的核心价值就是创始人情怀的误区。

如果创始人的情怀只是为了表现自己的价值，那就很难成就品牌，因为没人会为你的情怀买单。只表达自己的情怀，而忽略消费者的情怀，这不是生意模式，而是自嗨模式，大部分有情怀的创业者很容易就进入自嗨模式。

如果创始人知道创业的目的是帮助消费者创造价值，引领消费者的生活，让消费者因为拥有你而感到快乐；因为拥有你，感到自己比原来的地位更高了，在别人眼里变得更好了；因为拥有你，自己的情怀得以表达。这样创始人和创始人的情怀才是有价值的，如果品牌表达的只是创始人的情怀，结果只能由创始人买单，如果品牌帮消费者表达情怀，消费者才会为你买单。

　　能够帮助消费者创造价值，提升消费者获得感和幸福感的品牌才是有价值的品牌，创始人应该把帮助消费者表达情怀当作自己的情怀，而不是自娱自乐。

◎误区五：
只要品质好，产品绝对不愁卖

每次和创业者交流，他们都错把产品的质量当作品牌的核心竞争力，于是我说："消费者觉得你好，才是真的好，你实际的好不重要。"此话一出，就有人马上反驳说："产品质量怎么可能不重要呢？你到底懂不懂？"这样的反应是正常的，我说的不重要，并不是产品不重要的意思，我的真实意思是在消费者购买决策的因素层面的不重要。我再次声明，产品品质永远是一个品牌生存的根，是命脉，不管你的营销能力有多强，如果产品不好，你的营销越强会让品牌死得越快。反过来，你的产品非常好，但消费者不相信你，产品也是卖不出去的。你会发现，卖得出去与否，和你的产品好坏无关，与消费者对你的信任有关，与消费者是否想要你有关。请注意，这里说的是"想要"你的产品，而不是"需要"你的产品。

那么，当你有好产品的时候，并不代表你就可以高枕无忧了，你要面临的是消费者是否"想要"你的问题。你的产品不是独一无二的，这就意味着有很多产品可以取代你的产品，这个时候消费者需要一个选择你的理由，这个理由就是你能区别于其他同类产品的买点。这个买点不在产品上，而在消费者心里，不要更好，只要不同。消费者在产品功能上的需求已经饱和，品牌必须挖掘消费者深层次需求，才能脱颖而出。

消费需求包括四个层次的利益，即产品功能利益、精神利益、自我表达利益和社交利益，后面会专门解读这个原理。如果我们停留在产品上，已经很难得到消费者的青睐，因为消费者需要获得更多的利益，除了物质上的利益，他们更希望品牌能帮助其彰显自己的精神，将自己的价值观表达出来，同时能在社会上归属于某个圈层或群体，彰显社会地位和价值。

如果我们只在产品的功能价值上做营销，已经很难和消费者产生共鸣，产品好仅仅是基础条件，不是核心优势，品牌才是消费者想要的，产品只是消费者的生活需要而已。所以说，产品在消费者选择时不是刚需，品牌才是刚需。

◎误区六：
企业做久了自然就是品牌

过去的方法只能得到过去的结果，时间在品牌成长中确实是最重要的因素之一，但不是唯一要素，特别是当今时代。当我们了悟因果品牌之后就会发现，如果一块地里，你没有种下任何种子，就在田边等待，即使你坚信只要时间久了就能结出西瓜或者豆子，结果也一定会令你大失所望。认为企业做久了就能成为品牌，无异于在没有播种的地里浇水、施肥、等待，最后等到的除了杂草丛生，不会有别的收获。因果品牌非常清楚地诠释了只有真心（种子）、真言（沟通方式）、真行（经营手段），才能结出相应的果（在消费者心中的认知印象）。

只靠时间熬出来的品牌，很难承受时代的考验，过去需要花费很长时间的沉淀才能让品牌在消费者心中扎根，如今与消费者的沟通方式发生了巨变，时间的概念已经变得不那么重要了。只要你的品牌可以帮助消费者表达自己，与消费者产生共鸣，帮助消费者离苦得乐，你的品牌就是消费者想要的，就在一瞬间可以触达心底，不需要熬几十年才能有品牌价值。只要消费者心里有你，你的品牌就有价值。等待已经不能成就品牌，只有主动出击，做真正能帮助消费者创造价值的品牌，才能快速成就品牌。这个时代的品牌不需要所有人都知道或认可，只需要服务一部分精准用户就可以。

相信"企业做久了自然就是品牌"的人，通常可以分成两种情况：第一，被经验毒害，看到很多大品牌都有几十年甚至上百年的历史，就认为没有几十年是不可能成就一个品牌的，所以把等待作为唯一的路径；第二，贪求短期利益，把做品牌需要很长时间当作获取眼前利益的借口，从来没有想过品牌的未来。

不要把时间当作品牌成功的唯一因素，对于现在的多元营销环境和多样化的营销工具，时间这个因素变得越来越不重要了。不管外界因素如何变化，只有真心不变，懂得借假修真，就能快速成就品牌。

◎误区七：
把规模做大才是品牌

有人认为，企业规模越大，品牌就越大，大企业才能成就品牌。这样的观念还是影响了很多中小企业的发展，一门心思想把企业规模变大，忽略了品牌的影响力。有些品牌规模很大，但是品牌影响力很小，有些品牌规模很小，影响力却很大。未来比的不是谁的规模大，而是谁的影响力大。品牌影响力存在于消费者心中，品牌的知名度、美誉度、忠诚度，决定了品牌的影响力和价值。知名度靠广告达成，美誉度靠使命感成就，而忠诚度靠的是品牌价值观，这里面没有一条是靠品牌规模宏大的。这就说明了，企业小不能阻止品牌深入人心，也并不能限制更多的人喜欢这个品牌。相反的，企业很大，不代表有更多人喜欢这个品牌。不过，如果没有更多人喜欢，又何来大品牌之说？

决定品牌大小的不是企业规模，而是品牌能俘获多少消费者的心。不要再误以为扩大空间上的规模就是大品牌，而要想方设法，把品牌放进更多消费者的心里，越多的人心里有你，你就越"大牌"，即使你的企业规模很小。

◎误区八：
产品包装漂亮就能热卖

很多创业者拿着产品来找我帮他设计包装，通常要求很简单：帮我设计一个能让产品卖得更好的包装。我反问他："你觉得什么样的包装能让产品更好卖呢？"很多人都会说，你看某某牌子的这款产品卖得真好，我看他的包装就是简约大气，我们就设计成他那样的，一定能卖好；也有人说，只要足够漂亮就一定好卖，谁不喜欢漂亮的东西呢？还有人说国潮风格很流行，应该好卖。

不管设计师的技艺多么高超，工艺多么精湛，即使他能模仿大牌的设计，模仿获了大奖的设计，最后都无法实现"让产品好卖"的梦想。因为我们都忽略了"产品好卖"背后的逻辑，真正让产品好卖的源动力，是消费者深层次的内心需求，而不是包装本身。

作为设计师出身的我，把设计师分成五个段位：技术段位、审美段位、创意段位、策略段位、战略段位。这五个段位分别解决不同客户的需求：技术段位解决技术的问题，也就是把客户的想法实现成制作文件；审美段位解决的是好看的问题，让画面更加好看；创意段位解决独特性的问题，就是让这个设计和别人不一样；策略段位解决的是产品销售问题，通过策略性思考，总结出产品核心卖点，让消费者看到产品后能快速做出购买决策；战略段位则是解决如何让产品卖得更久。

从段位对应的设计结果来看，要想让产品好卖，就要设计产品的价值卖点，也就是解决消费者的需求问题，而不是漂亮或简约大气的外观。最终是否选择简约大气或者国潮风格的设计，取决于品牌的定位方向和目标受众的需求洞察，所以设计的更多要素，往往在设计以外，而不是设计本身。

你可以模仿别人的设计，却无法打动自己的用户。所以，我们所有的设计都属于真言的范畴，就是与消费者沟通的视觉

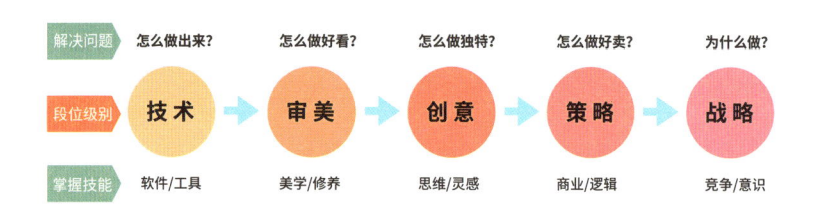

解决问题	怎么做出来？	怎么做好看？	怎么做独特？	怎么做好卖？	为什么做？
段位级别	技术	审美	创意	策略	战略
掌握技能	软件/工具	美学/修养	思维/灵感	商业/逻辑	竞争/意识

图2-1　品牌设计师的五个段位

语言，要想打动人心，需要展现真心。品牌的六字真言缺一不可（真心、真言、真行），应该站在品牌全局的高度去看待包装设计，不要错把包装设计的好坏当作核心竞争力。人的审美是有差异的，但是人的深层次需求是无差异的，构建摄人心的品牌，能够帮助品牌表达真心的包装才是最适合的设计。真正好卖的原因是产品背后的品牌价值，包装只是将品牌价值的卖点表达出来，与消费者有效沟通的工具。

◎误区九：
请明星代言能很快成就品牌

品牌是消费者对企业的认知印象，请明星代言确实能快速打造知名度，瞬间获得巨大流量。借助明星的粉丝流量入口让品牌曝光，这是快速曝光的手段。但记住，明星只是曝光的手段而已，这是你花钱租来的流量，并不是你的，这些流量不属于品牌，也就是临时性的，而且很难沉淀。请明星代言能很快成就品牌，这是超级大的误区。要记住，明星可以把流量带来，也能把流量带走，过去很多品牌靠明星起来了，后来明星出现负面新闻销量就瞬间下滑，解除代言后不单是销量下滑，流量也随之消失。

请明星代言是一个营销手段，他们的流量就是借来一用，用完还是要还的，关键是我们如何借，才能成就自己的品牌，构建属于自己的流量池。将明星带来的知名度，转化成你自己的忠诚流量，靠的就是品牌核心价值能够与粉丝产生共鸣，所以在请明星前要审视一下，是否做好了品牌价值系统构建，找到品牌的真心、真言、真行，这样才能不依赖明星的个人价值吸引消费者。只有让消费者像喜欢明星一样喜欢品牌，消费者就不会因为你换了代言人而离开你，因为他是真心喜欢品牌。品牌的营销手段可以变，但是真心不可以变，只要真心不变，消费者就会忠诚于品牌。

  品牌前期靠租流量，中期靠沉淀流量，长期靠裂变流量。请明星不是万能的工具，要慎用。

◎误区十：
学成功品牌的方法定能成功

人们都习惯把成功者当成榜样，但是千万不要把成功者当成复制的对象。你学习别人不是为了成为别人，更何况你也不可能成为别人，每个人都是独一无二的，每个品牌也是。

当我们看到一个品牌成功的时候，可以学习，但是不要只学表面，不能人家做什么你就做什么。即使你把对方的所有动作都模仿到位，也无法获得成功，因为市场上不需要第二个一模一样的品牌。再者，你模仿表面，只会成为别人的陪衬品，无法拥有自己忠实的用户。我们一定要透过现象看本质，学习成功背后的逻辑，才能根据自己的种子培育出一个独一无二的品牌。当你掌握了品牌成长的自然规律之后，任何品牌的成败都可以一眼看明白。这就是锐言因果品牌的原理，将品牌和因果规律放在一起，发现了两者之间的奥秘。当我们能看懂成功品牌时，就会发现他们都在遵循锐言因果品牌原理，我们可以根据自己的品牌资源，力所能及地持续完善品牌。只要在正确的方向上努力，总有一天品牌种子会开花结果。当然如果你的能力强，可以更加快速成功，如果能力弱，早晚会成功，前提是遵循品牌"真心、真言、真行"的六字真言，这一点非常重要。走在正道上，一定结正果，要相信自然的规律，春天播种秋天收获，不要不播种只想着收获，看不见别人播种，以为成功只靠努力施肥。所以，如果仅仅照着成功品牌的行为去做，是不能成功的。

放下固有的方法，才能看到新的方向，才有透过现象看本质的能力。

——梁宏宁

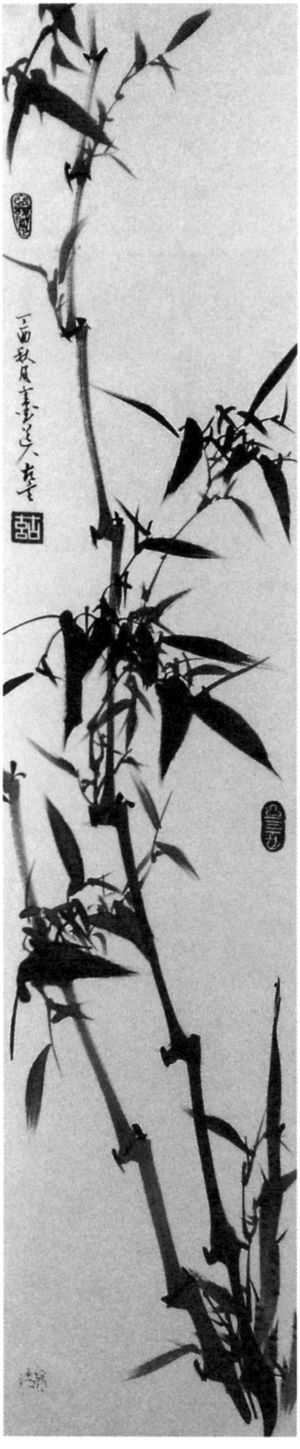
丁酉秋月

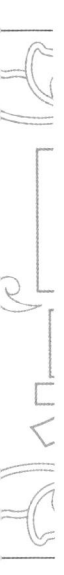

第叁境

树 正知
每个企业都可以成就品牌

　　再小的企业也具备做品牌的潜质，每个企业注册那天就是一个品牌，品牌的第一个客户就是创始人。在创始人心中形成了对企业的认知，接下来每一个接触你企业的人都会对你的企业有一个认知，有好的，有坏的，有喜欢的，有讨厌的。企业在这些人的心里形成的认知结果，就被称之为品牌。打造品牌就是管理人们对企业的认知，我们可以选择让消费者怎么认知我们。所以，每个人本来就是一个品牌，只是我们没有注意而已，只要管理好外界对我们的认知，就可以变成我们想成为的那个品牌。

◎消费者为什么需要品牌

在近20年的品牌咨询工作过程中，我接触了很多老板，他们谈论最多的是，"我的产品多么多么好""我的企业多么强大""我们获得各种荣誉和专利""我们的产品获大奖了"，等等。但是他们的产品大多不好卖，如今很多企业已经倒闭了，直到今天他们还觉得失败的原因是产品还不够好，或者是没有实力打败竞争对手。其实产品卖不好的原因，并不一定是因为产品不好，而是因为不了解消费者想要什么。很多创业者认为自己的产品是消费者的必需品，可为什么消费者不买？在物质丰富的时代，消费者其实不缺一个产品，他们想要的是一个品牌，一个能给他带来价值的品牌。所以，销量不好，并不是你的产品不够好，而是你的品牌没有价值。

你的品牌有没有价值和产品没多大关系，和用户的价值观有关系。消费者认可你的价值观，才会认可你的产品。你提供的产品是消费者需要的，不见得就是消费者想要的，品牌之所以被需要，是因为他是用户表达自我的道具，而且对他们来讲必须是有价值的道具。如果这个道具对消费者来讲没有价值，那么他们只会依照价格来决策是否购买。平常我们消费产品时就是遵循这样的逻辑，只是我们不在意而已。

消费者买东西，不管多少钱，从几块钱到上百万元，只要自己觉得值，就不会觉得贵，觉得值是由价值观决定的，不是产品的成本决定的。也就是说，如果这个品牌代表的价值观是自己需要的，而且和自己的价值观一致，这个品牌可以表达自己的观点，不管产品是不是最好的，也不管这个产品的生产成本是多少，都愿意按照产品销售的相应价格购买。

在生活中，每个人的衣、食、住、行，无不是在表达自己，通过穿衣表达自己的品味，表达自己的个性，通过选择的饭店彰显自己的个性和身份，通过某个品牌的汽车表达自己的内涵，通过所住的小区树立自己的形象。这些表达并不是产品本身的价值，而是通过品牌的价值体现出来的。如果你买一辆车只是为了代步，就不会多花更多的钱，买一辆同样是四个轮子和一个方向盘的车；如果你只是为了填饱肚子，绝对不会选择更昂贵的餐厅请人吃饭；如果你只是为了有个遮风挡雨的住所，绝对不会背负高额的房贷也要买更贵的房子。这些都是一个人的价值观决定的，这些品牌的价值观和你的价值观是一致的，甚至高于你。而你就需要这样的品牌来表达自己的观点，让自己看起来比实际的自己更好，这就是品牌赋予的价值感，你愿意为这份价值买单，因为这是你生活中不可或缺的道具。如果没有这些道具，我们就会为如何表达自己而烦恼、痛苦，品牌就是为你解决痛苦的。当你需要表达自己是有钱人时，你就会购买有钱人才买得起的品牌；当你想要表达自己热衷于环保时，你就会购买具有环保意义的品牌；当你想要表达你爱她时，你就会买代表爱的品牌给她；当你想要表达自己注重安全时，你就会购买沃尔沃。总而言之，当你想要表达某种观点时，你会选择一个品牌为你说话，你只需要购买这个品牌的产品，就可以达到这个目的，这个品牌就是你表达自己的道具。

消费者无时无刻不在寻找能表达自己的品牌，你是谁不重要，重要的是你让用户成为谁，也就是说品牌的真心是帮助用户创造价值，而不是炫耀自己有什么价值。品牌的真心决定了品牌的价值，而利他无我才能称之为真心。因此，品牌一定要表达出自己的价值观点，并有效地和消费者沟通，让消费者发现品牌、使用品牌、爱上品牌。

◎其实每个人都是品牌

大家可以回想一下，你身边的家人、亲戚朋友是怎么看待你的？在他们心中你是善良的、开朗的、大方的、小气的、贪小便宜的、自私自利的等，这些留存在他们心中的印象，就是你这个个体的品牌。当他们听到你名字时就会唤起心中对你的印象，要么远离你，要么接近你。你的名字本身没有什么价值，当在别人心中形成了某种认知，你就被界定为某种属性的人。如果你平时的为人处事、形象气质，给别人留下诚实可靠的印象，那么你在他们心中就是诚信的人，你也会在你的圈层里成为诚信的代表，这个时候你就是一个代表诚信的"品牌"。如果你的为人处事，在你的生活圈内给人留下贪小便宜的印象，那么你的品牌就是贪小便宜的代名词。大家试想一下，品牌其实不是我们去刻意打造才存在的，品牌本来就存在，而每个人本来就是一个品牌，只是大家没有用品牌这个词语描述这样的现象而已。

品牌就是你在自己的生活范围内，给别人留下的印象，这种印象会被总结成一个词来形容你这个品牌的形态，比如诚信的人、贪婪的人、大方的人、小气的人、阴险的人、酒徒、赌徒等，这些就是个人品牌长期经营，植入受众心智的关键词语，这些词不属于你所有，只存在别人心里。当你被贴上某个标签的时候，是很难改变的，因为主动权在别人那里。

一个人从出生到被贴标签的过程，就是生活习气引导他的行为处事方式，在人们心中形成某种认知的过程，被贴标签之后就是一个品牌。我们没有办法一下子改变自己的行为习惯，所以很难摆脱这些标签。这个道理用在创业上，我们应该明白，每个企业一开始在受众的心智中都是零认知，我们可以把企业打造成自己想要的品牌。按照这样的规律，一个人就可以是一个品牌，一个企业也同样是一个品牌，不管你有意打造还是随意经营，最终企业都会在受众心中留下某种印象，比如代表安全的沃尔沃、代表快乐驾驶的宝马、代表降火凉茶的王老吉等成功品牌，也有可能会出现低质的象征、以次充好的象征等失败的品牌。

既然个人都可以是品牌，一个企业再小，也小不过一个人吧，所以那些说企业小不适合做品牌的人，都是因为对品牌的认知不够，所以不仅耽误了自己，还耽误了很多企业。我们今天可以把自己塑造成任何你想成为的品牌，不管是大企业，还是小企业，还是个人。关键是我们要正信品牌成长规律，其实我们的一言一行就已经是在塑造品牌了，如果我们想要让品牌变成我们想象的样子，那就需要不断修正我们的言行。但是，在此之前我们必须找到我们的真心。只要我们言行随心而起，品牌的结果就不会太差。再小的企业都要注重品牌打造，品牌的结果是由品牌的真心决定的，只要找到真心，每个人都可以成就一个品牌，每个企业也都可以成就一个品牌。

◎ 企业越小越要品牌先行

为什么说中小企业及创业者，在这个时代逆袭必备的超级思维就是看透品牌快速崛起的底层逻辑。近20年来，我为很多中小企业做品牌咨询服务过程中，发现非常多的企业不但缺乏品牌意识，甚至排斥去做品牌。我听到这些老板最多的借口就是——我们企业还小，不需要做品牌，等企业做大了，再好好打造品牌。有的老板说，我们没有多余的钱打造品牌，先卖产品，先生存再发展。然后把所有的钱都拿去建厂房，去生产产品。产品终于生产出来了，却发现已经没有资金去做营销和推广。最后产品卖不出去，剩下大量的库存，非常痛苦。还有很多创业者认为，只要产品好就不愁卖，试图向所有消费者解释自己的产品有多么好，结果没人需要他的产品。产品卖不掉，怎么办呢？老板们非常焦虑，于是就报名参加各种培训班，学习管理方法、商业模式、营销策略，最后还是找不到出路。很多人搞不清楚为什么，其实是没有真正找到问题的根，所有的方法当然都发挥不了作用。

当今的市场环境，消费者缺的已经不再是一款产品了，消费者不太愿意购买一款没有品牌的产品。其实消费者是在不断寻找可以表达自己的品牌，而不是需要一个产品这么简单。企业老板的想法和方法都没有错，只是当消费者已经在物质上得到满足后，更想追求精神上的满足，他们不会再为产品买单，只愿意为自己的价值感买单。

生意难做，不是因为我们没有好的商业模式，更多的时候是因为，我们不了解消费者深层次的需求，让我们无计可施。不是我们的能力不足，而是因为我们的固有认知蒙蔽了自己的智慧，要打开智慧，就必须改变和放大我们的认知边界。

正因为我们的企业很小，才更需要用品牌来武装自己；正因为我们刚刚起步，才更需要让品牌赋能我们的销售，让产品更好卖。我的企业可以很小，但最起码要看起来像一个正规的品牌，才有生存机会；我们可以没有大量的资金做大的营销，但是我们可以做一个很有个性的品牌，先服务一部分人。我们可以不做全国性品牌，但是可以做地方性品牌；我们可能没法成为行业第一，但是可以让品牌成为消费者心中的唯一。

为什么一定要做品牌？因为品牌才是生存的根本，品牌才是消费者选择你的理由，品牌才是刚需。我们的产品比不过大企业，我们的团队比不过大企业，我们的资金比不过大企业，我们如何才能崛起，实现弯道超车呢？只剩下品牌这条路。我们不抢占市场，我们只抢占消费者的心。

企业的一切优势都要转化成消费者需要的东西才有价值，消费者需要的不是你的优势，而是自己如何变得更好。

因果品牌原理就是要带你看透品牌的底层逻辑，将复杂的品牌系统，简化成人人能看懂、人人能使用的超级法门，说透品牌成功的前因后果，唤醒你的商业智慧。只要了解底层逻辑，不但能看懂现在所有的商业模式和营销方法，还能照见商业未来的趋势。这就是我为什么经常说，不要只顾着学习现在所谓流行的模式和营销方法，我们要弄清品牌的底层逻辑，把握时代的脉搏和未来的趋势，就能看懂所有的变化和危机。希望所有企业家都能静下心来，读懂商业本质，你现在遇到的问题就能迎刃而解，希望我们能耐心地学习，一起了悟因果品牌，让品牌先行。

企业可以很小，但立场一定要大，只有先是个品牌，才能成为品牌。

——梁宏宁

◎战场在人心，不在市场上

很多企业家常说，我占领了多少市场，获得了多少流量，但是他忽略了一点，有流量不等于有客流量。这就好比你的店门口路过很多人，如果他们不进来，那就不属于你。

市场营销把产品送到消费者手里，品牌营销把品牌送到消费者心里。

很显然，过去无数的营销有可能都搞错了方向，很多企业对自己的产品信心十足，但是当产品送到消费者眼前时，却无人问津。原因很简单，产品可以解决消费者的需要，却没有打动消费者的心。

过去我们想方设法把产品送到消费者触手可及的地方，以便消费者第一时间可以选择到我们的产品，但是现在同类产品

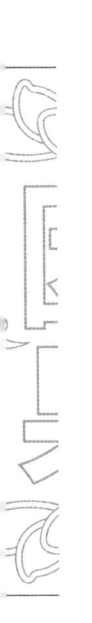

层出不穷，让消费者选择成本大大提高，滋生烦恼。其实消费者已经不需要更多的产品了，他们想要一个品牌出现，能够帮助自己做快速的选择，节省大量的购买成本。真正的战场在消费者心里，当消费者认可一个品牌时，他们的眼里就不会出现其他任何同类产品的品牌，这就是得人心者得天下。

所以，我们要构建能摄人心的品牌，而不是占领市场空间。要想品牌能摄人心，品牌必须要有一颗真心，和消费者的心才能心心相印，必有回响。

◎认知大于真相

在唯物主义哲学中，认知来源于真相，不可能大于真相。但是，我觉得在品牌打造过程中，我们可以说认知大于真相。简单来讲，市场上的产品有好有坏（真相），但消费者觉得好的才好（认知），然后才会购买。所以企业有好产品，如果不能改变消费者对企业的认知，产品也是很难卖出去的。这是一种用户思维：在用户的角度，用户的认知大于企业的真相。

以前我刚创业时，很多客户来找我做品牌策划和设计，通常会让我先证明自己的能力，让我给他看看成功案例，证明案例是我做的，才相信我有能力帮他做好策划。那个时候我感觉很委屈，因为明明自己能力很好，却被客户质疑，感叹自己怀才不遇。现在不一样了，很多来找我合作的客户基本都不问我做过什么成功案例，也不会让我证明自己的能力，就直接合作了，这是为什么呢？我的能力难道被他们看到了？后来我才发现，其实不是他们不需要证明，而是他们的认知里面已经认为我很有能力。原来是他们看到，报社邀请我去做讲座，上市公司邀请我去诊断品牌，一些政府机构邀请我去给企业家讲课，我连续举办了近百场演讲和培训，我出版了自己的著作，等等。就是因为这些外在的行为，让他们觉得我是有实力的，而不是我证明给他们看的。所以，他们不一定了解我的实力本身，但是通过外在的言行，他们觉得我是有实力的，这说明人们觉得你有实力比你真实的实力更重要，当然前提是你真有实力。

同样的道理，大部分创业公司提供的产品都是好的，但是有些却得不到市场的认可，于是很多企业就试图通过各种手段，借助推广媒介，重复不断地解释自己的产品如何如何好，里面的科技含量如何如何高，花费了巨额广告费后，发现效果却不明显，这就是典型的老板思维、产品思维。老板只关心自己的产品如何，没有关心用户需要什么，老板误以为自己觉得好的东西，就是消费者喜欢的东西，所以就盲目自信，向消费者表达自己有多么优秀。其实，消费者不关心你有多好，他们只关心自己，他们觉得你的好对他们有价值，他们就觉得你好，如果没价值，他们就觉得与自己无关。你的产品很好，这一点不假，但是消费者觉得好才是真的好，品牌和消费者沟通的效果，决定了消费者对你的感知结果。

品牌是消费者心中对企业的认知结果，认知好，他们就会认为是好品牌；认知不好，他们就会认为是坏品牌，与这个品牌真实的好与坏没有决定性关系。当消费者认知到一个品牌的所作所为彰显出勇气非凡时，消费者就会认为这个品牌就是勇气的象征，生活中遇到需要勇气或者想让别人觉得自己有勇气时，就会想起这个品牌或者消费这个品牌，用品牌表达自己。

打造品牌的过程就是不断改变用户认知的过程。

你的产品很好，就是卖不动，因为消费者并不知道也不相信你的产品好，也就意味着我们需要不断和消费者沟通，让消费者相信我们的产品是好的，相信我们的品牌是他想要的。

如何改变消费者的认知？

改变认知的入口是通过五感，即视觉、听觉、嗅觉、味觉、触觉，品牌通过真心、真言、真行刺激人的眼、耳、鼻、舌、身，从而引发感受，比如冷、暖、痛、痒等感受，受众通过思考判断喜欢或不喜欢、想要还是不想要，根据思想的反馈做出某种行动（买或者不买，用或者不用）。行动之后，又形成了新的认知，这就是受众对品牌的新认知，结果也许是好的认知，也许是不好的认知。总之，通过这样的过程，可以改变消费者对品牌的认知。

从品牌的真相到消费者的认知有着十万八千里的距离，拉近这种距离的方法就是通过重复不断的言行刺激消费者的感官，让他们不断改变对品牌的看法，最终让品牌的真相和用户的认知重合。那么此时，你的品牌在消费者心中就变成了事实，你的品牌才真正俘获了消费者的心，你的品牌对于消费者

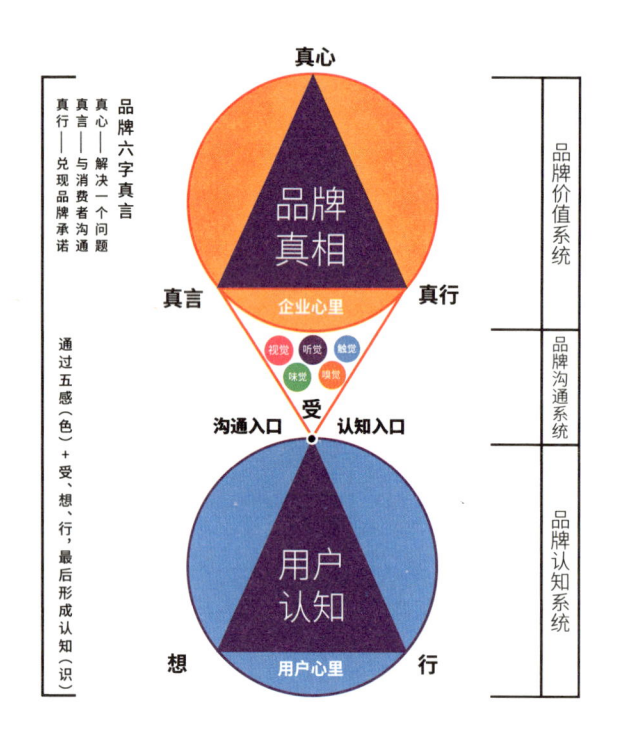

图3-1 品牌认知管理系统

才真正具有价值，品牌的六字真言就是与消费者沟通并改变消费者认知的有效方法。如图3-1所示，上方圆形里的三角形就好比企业的实际情况，它可以是企业的实力、规模、产品优势、技术专利等，就是很多企业通常想表达给消费者的内容，试图证明自己的产品是好产品、企业是好企业、品牌是可信赖的品牌。但是，为什很多企业做了很多努力推广自己的优势，消费者却无动于衷呢？通过这个图我们可以看出来，下方的圆形内的图形是消费者的认知，也就是说，当企业宣传自己的实力时，其实消费者对企业所说的东西是零认知，所以才对企业的产品不感兴趣，认为企业的实力和自己没有关系。事实证明，企业的产品好不好，不是由企业产品的真实情况决定的，而是由消费者认知决定的。既然我们知道了这个道理，就应该明白，我们想让消费者认知品牌的价值，品牌首先要构建一个价值系统，而不是一味地解释产品和企业的实力。我们要改变消费者对我们的认知，因为只有消费者觉得好才是真的好。

打造品牌的过程就是改变消费者认知的过程，你想成为什么样的品牌，就要通过真心、真言、真行输出一个有价值的品牌。通过沟通系统刺激消费者的眼、耳、鼻、舌、身，不断和消费者沟通，从而改变消费者对品牌的认知，让品牌价值在消费者心中成为事实，那么你的品牌就会获得消费者的认可，这时候你的品牌才真正有价值。

找到品牌认知的入口。

品牌的入口在品牌对外传播的媒介上或者就是媒介本身，用户接触品牌的任何一个点，都是品牌传播的媒介，比如品牌的产品、品牌的员工、品牌的广告、品牌的活动、品牌的空间，甚至是创始人本人。

入口一定要符合四个标准：
入口要窄，聚焦用户和品类。
入口要准，形成精准流量池。
入口要异，展示独特视觉形象。
入口要专，行为随心而起。

当你真心去解决一个问题时，消费者才会认为你是解决这个问题的专家，以后遇到这类问题时，才会第一时间想到你。一个人在路边捡了一下垃圾，你不会认为他是环卫工人；一个医生用电脑上网，你不会认为他是电脑专家。反过来，一个每天都在固定的时间、固定的范围清扫垃圾的人，你毫不怀疑他的环卫工身份；一个每天用电脑写代码的人，你说他不是电脑专家都没人会相信。这就是认知形成的原理，不管你的真实职业是什么，你的言行会彰显你，在受众心里会形成一个固有的认知，不管这个认知是不是你想要的。如果这个认知是你想要的，说明你的言行和真心是完全一致的，受众对你的认知和你心里的真相就是一致的，反之就是违背你内心的结果。当我们知道了这个逻辑之后，就知道如何管理好受众对我们的认知，这同样也可以改变用户对品牌的认知。

不要更好，只要不同。

成为市场第一很难，成为市场唯一很容易，我们要的不是市场第一，而是在目标消费者心中成为第一。

很多企业动不动就想打败对手，成为市场第一，殊不知，这样的思维永远不可能成就有价值的品牌，因为他不知道真正的第一不是比别人大，也不是比别人更好，而是消费者怎么看你。消费者觉得你好，你就是好，在消费者认知里你是第一，你就是第一。如果在消费者的认知里你什么都不是，即使你的规模和实力都很强，在消费者那里你的品牌也是排不上号的。

品牌竞争的目的从来都不是打败对手，而是如何区别于对手，从而达到脱离竞争的目的。所以，找到和竞争对手不一样的定位，才是消费者认可你的原因，绝不是打败对手。

品牌如何走进消费者心里?

两个人在一起久了,就会产生情感连接,一个人和一件物品也会产生情感连接。产生情感连接需要两个条件,第一个是双方要感受到对方的存在;第二个是要一起经历故事,经历的故事越多、越深刻,时间越长,就会走进对方的心里,产生心心相印的情感连接。心心相印,必有回响。

品牌与消费者之间的情感连接也同样遵循这样的规律,当品牌第一次和消费者接触时,消费者会保持安全距离,带着一种观望的态度接触品牌。多接触几次之后,这种不安全感就会消失不见,消费者就开始把品牌当成熟悉的人对待,如果消费者和品牌的互动越来越多,在生活中就会形成不可或缺的品牌。故事越多越不舍得分开,品牌甚至会影响或变成消费者的生活方式。

如果品牌不能长期保持和消费者的连接和沟通,消费者就很难打开心扉接受品牌,品牌也就永远无法打动消费者的心,甚至会被消费者无情地抛弃。所以,品牌要制造和消费者之间的故事,越多越好,要坚持和消费者沟通,越久越好。故事多了,消费者自然就舍不得离开,过了一段时间之后就更不会有离开的念头,品牌就根深蒂固地留在消费者的心里。

◎品牌六字真言

当品牌发心要解决一个问题时,品牌就有了种子,这颗种子开始是在创始人的心里,如何才能将这颗种子种到消费者心里呢?这就需要企业通过真言和真行不断与消费者沟通,让消费者认知到品牌的真心,让品牌的真心在消费者心中成为事实,这时品牌才能真正称之为有价值的品牌,在消费者心中才真正根深蒂固。

这就是因果品牌的六字真言——真心、真言、真行。真心是品牌的价值,真言是沟通的方式,真行获得信任感。

真心解决一个问题;
真言与消费者沟通;
真行兑现品牌承诺。

这三句真言将重塑品牌认知,是因果品牌的超级法门。

真心解决一个问题。

真心是品牌的种子，是创始人的发心，是利益众生的心，是解决问题的源动力，也是品牌存在的理由和价值。对于失眠的人而言，夜特别漫长；对于盲目的人来说，路上处处是困难。真心的对立面就是妄心，妄心就是贪婪之心、利己之心。真心是品牌长久经营的明灯，妄心让企业唯利是图、盲目经营，并最终走向倒闭。

有很多企业，不管多么努力，用尽各种方法，都没能让品牌有所起色。在这种情况下，我建议，所有创业者要把对外寻求办法的精力，转向对内寻找答案，那就是品牌的真心是否存在或者是否正确。有很多企业风生水起，但是生命周期特别短，原因显而易见，那就是内在虚空，外在强势，经不起市场上的任何风浪。

没有真心的品牌，就像只用水和沙子建起来的高楼大厦，非常不牢固，轻轻一碰就会土崩瓦解，不管你建的大厦有多高，都不会例外。

如果一个企业没有意识到，企业的存在就是解决问题，那么这个品牌就会迷失在茫茫商海中。只有发真心解决一个问题，才不会在遇到诱惑的时候迷失自己。

真心的最高境界是"我将无我"。

真心的最高境界是"我将无我"，真心就是利他之心，如果没有真心，再多的言行都显得多余；没有真心的品牌经营得再久也毫无价值；没有真心的品牌，投入再多广告费，都是徒劳。一个品牌是否能做起来，和发心有关；一个品牌能走多远，和真心有关。发心解决自己的问题，就是个体户，衣食无忧，干一天就收获一点，不干就没有；发心解决社会的问题，全社会的人都帮着你干，社会需要你，即使你不干也有人为你干，这是利他之心。所以，品牌的成功取决于真心，"利他无我"才是真心，有我的发心，不能称之为真心。只有心怀天下人，才能把你的事变成天下人的事，才会有更多人支持企业，帮助企业。

真言与消费者沟通。

真言，是帮助品牌与消费者沟通的语言系统、视觉系统、产品系统，甚至是创始人本人，都是沟通的工具，我称之为"品牌助缘"，是消费者识别和记住品牌的入口，更是品牌进入消费者心智的助力。

锐者真言随心起，一个品牌真正的智慧，是所有真言都随心而起，换句话说就是，真言是能够表达真心的各种语言形态，有文字语言、视觉语言、产品语言等，是让消费者读懂品牌真心的桥梁。真言通过色、声、香、味、触，触达用户的眼、耳、鼻、舌、身，通过语言系统、视觉系统、声音系统、味觉系统、体验系统与消费者沟通，让消费者认知并记住品牌，从而形成消费者对品牌的认知印象，真正让品牌走进消费者的心智中。

真言的最高境界是"真心应物"。

所有的方法从不会凭空蹦出来，很多企业不知道自己应该做什么，不应该做什么，所以就会不由自主地模仿别人，却得不到别人的结果，为什么呢？原因很简单，别人买机票是要去北京，你也买机票，却不知道去哪里，即使你也去了北京却不知道为了什么，结果当然不是你想要的。所以，一切的行为都是由内心决定的，而不是由别人的结果决定。你想去上海就买去上海的票，不要学别人的动作去买北京的票。

品牌在构建的时候，通过什么样的语言与消费者沟通，也取决于品牌真心，而不是模仿别人。别人怎么做我们就怎么做，这样就不是真正的自己，站在消费者的视角看品牌，就看不到品牌的真心，消费者又如何会选择你的品牌来表达自我呢？所以，真正的智慧就是以真心应万物，而不是被万物左右自己的真心。品牌VI系统设计由真心决定应该设计成什么样，包装设计、产品设计、空间设计亦是如此。绝对不是依照所谓成功品牌的样子，更不是依照某个领导的想法，也不是依照设计师的想法，而是依照真心的指引。

当我们需要借助外在的事物表达自己的内心时，应该选择能代表自己内心的东西，而不是随意选择，有用的也要，没用的也要，最终会把自己都搞乱。消费者选择品牌也是这样，他们希望找到能表达自己的品牌，然后通过购买该品牌的产品达到表达自己的目的。所以，品牌的真心唤起消费者的心，需要的沟通桥梁是什么，就应随心而起。

真行兑现品牌承诺。

真行，亦是品牌助缘，当用户透过真言接触到品牌的发心后，如何才能让消费者真正相信品牌所说的和自己的所见所闻呢？行动是最好的证明办法。通过行动实证给消费者看，通过真行兑现品牌承诺。人们通常不仅要听你说了什么，更要看你做了什么。如果一个人说自己很讲信用，却每次借别人的东西都不还，或者从来没有做过任何与诚信有关的事情，人们自然对这个人的诚信产生怀疑，或认为他是个骗子。真行同样是由真心决定的，有什么样的发心，就有什么样的行为，身心合一，才能让接触品牌的受众相信品牌的真心，让品牌的发心在消费者心中形成事实，这就是兑现品牌承诺的有效法门，是品牌从虚到实的转变路径。

真行通常包含经营业务组合和经营活动组合。经营业务就是企业从产品到销售的经营组合，就是营销4P的内容。而经营活动就是业务以外的活动，通常指的是非销售行为，比如做一场公益活动，不是为了马上变现；举办一场书法比赛，不是为了马上盈利等。这些活动必须提高到战略高度，只要品牌还存在一天，就必须一直执行下去，才能真正兑现品牌承诺，也只有能兑现品牌承诺的行为，才能称之为真行。

真心是品牌成功的因，即品牌的种子，真言与真行是为缘，就是让种子生根发芽的外在因素，因缘际会，品牌自然成功。真心、真言、真行要一致，否则果就会随时发生变化。这就能解释为什么有些企业成功却不长久，那就是因缘有变，不管是因变还是缘变，都直接影响到果。品牌六字真言就是品牌管理的核心，时刻保持心、言、行一致，这就是品牌管理中的日常工作，也是锐言因果品牌原理的完整结构。

◎商业是关于善的艺术

经常有人会问,商业到底是什么,商业怎么做才更好?我想说商业是关于善的艺术,是如何利他的经营活动。

大家都听过一句话"小成靠智,大成靠德",但是有多少人真正理解这句话的深层含义呢?理解的人又有多少能够遵循这个道理去实践呢?我想很少。特别是在商海里,很多人嘴里都说着这句话,但是心里却不知所措,行动上更是偏离甚远。以至于一些人在做商业的时候都是虚虚实实,明争暗斗,不择手段地打败对手,把获得财富多少当作成功标准,获得的财富越多说明越成功,错把成功的结果当作自己的德很高。这显然是本末倒置的,所以很多看起来成功的企业不出三五年就消亡了,有的甚至一年不到就倒闭了。倒闭的时候,有的把挣到的钱亏回去了,有的甚至会翻几倍的亏损,最后落得负债累累。这其中的原因就是德不足,错误地以为德是靠金钱累积起来的。殊不知，是先有德，才会有机会转化成财富。多么简单的道理，但是却有很多人不能遵循。

那么，对于先有钱还是先有德，大家应该知道了。先有钱，钱会因为德不够而离你而去，又因为德不够而让你接受惩罚。先有德，人们自然愿意和你结交，资源自然向你靠拢，挣钱就是自然而然的事情。我们大家都想到用各种方法手段去获取利润，那么，德如何获得呢？可能很多人就不太明白。

有一句大家很熟悉的话——行善积德。只是我们通常只把它当作一句话而已，并未去理解里面的深意，更不去践行。行善才能积德，意味着要想让你的德增长，行善就是非常好的方法。商业本身应该就是行善，你的生意看似为了挣钱，其实是在帮助更多的人改变生活，比如以前人们要穿衣服。就自己种棉花，自己织布，要一年才能做出一件衣服来，有企业家看到了这样的现象，立志要改变老百姓的生活，不用再为了一件衣服花上一年时间。企业统一种植，批量生产，平价销售，大大降低了人们的生活成本，不仅是缩短时间，精力和金钱上的成本也大大降低了。这就是企业做了一件大善事，一件利益大众之事。这样做的回报是相当巨大的，人人都愿意花钱去买商家的衣服，对企业大加称赞。有朝一日企业遇到危机，众人会纷纷伸出援手共渡难关，企业必然越来越兴旺发达。

相反的，如果企业为了盈利，把衣服生产出来后，垄断市场高价卖给大众，获得巨额财富，这时候老百姓心里并不会感激企业，有的甚至会骂企业。他们把老百姓的生活成本提高了，原来做衣服可能只需要一年时间，现在为了买衣服需要省吃俭用攒上几年的钱，而此时老百姓再回去做衣服也没有以前的精力和条件了。这样的企业陷入困境以后，是没有人会伸出援手的。

所以说，商业是关于善的艺术，如果你有利益众生的发心，就不必担心企业做不好，如果你只为自己谋福利,那么就会非常艰难，甚至陷入困境。诸恶莫作，众善奉行，这是一个企业兴旺发达的核心准则，只要能做到，德会不断增长，离成功就越来越近。

同样的，品牌的发心决定了品牌的命运，不管你有多少手段想要让品牌走得更好更远，如果发心不对，那么注定走不远，甚至做不起来。这跟创始人的心息息相关，创始人利他，则品牌兴旺发达，创始人自私自利，则品牌不可能成功。

曹德旺，1946年5月出生，福建省福州市福清人，福耀玻璃工业集团股份有限公司创始人、董事长。1987年成立的福耀玻璃集团，是中国第一、世界第二大汽车玻璃供应商。从1983年第一次捐款至2020年，曹德旺个人累计捐款已达110亿元，他却认为财布施不过是"小善"。2009年5月，曹德旺登顶有企业界奥斯卡之称的"安永全球企业家大奖"，是首位华人获得者。

2018年9月，曹德旺入选"世界最具影响力十大华商人物"。2018年10月24日，入选中共中央统战部、全国工商联表彰的"改革开放40年百名杰出民营企业家"名单。2016年9月，荣获"第三届全国非公有制经济人士优秀中国特色社会主义事业建设者"荣誉称号。2020年11月28日，当选"2020中国经济新闻人物"。2021年2月4日，入选"中国捐赠百杰榜"课题组发布的十年致敬人物。

曹德旺个人的善念决定了企业经营，决定了福耀玻璃集团的辉煌。如此善行，企业必定越做越好，兴旺发达。这其中的道理就是企业遵循了商业的本质，那就是善。商业是关于善的艺术，这在曹德旺和福耀玻璃集团身上体现得淋漓尽致，对善的经营就是最好的企业经营方法。

曹德旺起初要做玻璃就是因为看到国外的天价玻璃，抬高了人们的消费成本，阻碍了人们生活质量的提升和经济的发展。这显然违背了商业的本质，商业的本质是降低交易成本，而不是增加交易成本。曹德旺心中立志"为中国人做一片属于自己的汽车玻璃"。正如他所说："我认为做人第一准则就是要有高度的社会责任感。"他把这颗种子找到之后,坚定不移地为这颗种子浇水施肥,不管遇到多少困难,他坚信只要种子不变,一定会结果。曹德旺说:"方向决定结果。追求的目标端正了,就决定了你的进步。"种子就是这个因,就是品牌的使命感和责任心。

以善为本,经营只是行善的一种形式,那么你的企业将越来越兴旺发达。因为德高望重,回报就不会差。

在利益面前还能守住真心，才能成就长久不衰的品牌。

——梁宏宁

第肆境

观 本质
品牌营销背后的驱动力

　　有太多品牌的失败，并不是因为商业模式不好，也不是因为团队管理不好，更不是没有资金做广告，而是对消费者深层次的需求缺乏洞察力，只给消费者提供了需要的产品，满足功能上的需求，没有向消费者提供他们想要的价值。消费者除了物质上的功能利益需求外，还有更深层次的精神层面的需求，他们更想拥有能够为自己提升价值的品牌，而不只是一款产品。本章节通过"锐言消费需求冰山原理"揭秘消费者需求的真相。

◎品牌营销进化论

产品已经不是刚需，品牌才是。
消费者需要的不再只是一个产品，而是一个品牌。

每个人都生活在品牌的世界里，衣食住行，都是由品牌组成的，身上穿的衣服不管是什么牌子，都能彰显出这个人的品位和追求；开的车子、住的房子、用的手机，无不或多或少地彰显出使用者的气质、身份和价值观。所以，消费者为什么需要品牌呢？现在大家应该明白了，原来品牌可以帮助消费者表达某种价值，比如说你穿什么品牌的衣服，意味着你是什么品位的人，这是品牌输出的价值定位决定的。在生活中，人们每天都在用各种方式表达自己，表达自己的观点，有的可以直接说出来，有的却难以启齿。这个时候，消费者就需要借助别人或者动作来表达，而代表某种意义的品牌，也是消费者用来表达自己的有效工具。所以，每个品牌都应该成为消费者想要的工具，但前提是你的品牌代表了什么。

有一位妈妈为了事业，把刚满月的孩子交给保姆带，为了工作每天早出晚归。她很爱她的孩子，唯一表达爱的方式就是每天晚上守在熟睡的孩子床边，默默地陪伴，每到夜里看着熟睡的孩子，内心无比惭愧。很快孩子百天了，这位妈妈早早下班，带回来一个蛋糕，庆祝孩子百天。这个蛋糕融入了妈妈满满的爱意，这是她唯一可以表达出来，让孩子真正看得见的爱。这个蛋糕就是净是爱的蛋糕，这个蛋糕品牌不卖蛋糕，卖的是爱的表达方式，帮助妈妈表达情感。另外，品牌还提供让妈妈自己做蛋糕的机会，增加仪式感，让这个蛋糕意义非凡。净是爱的品牌态度是"妈妈一定要为孩子亲手做一个蛋糕，让你的爱看得见"。

净是爱的品牌使命是"让爱看得见"，帮助消费者传情达意，通过一个蛋糕让爱看得见。消费者买的实际上是爱的表达方式，而不是蛋糕这个产品，蛋糕是他们将爱表达出去的载体。蛋糕仅仅是消费者需要的，表达爱才是消费者真正想要的。净是爱的品牌代表的是真爱，所以消费者首先是想要表达爱，其次才是选择蛋糕作为载体，最后选择能够表达真爱的品牌。市场上有的蛋糕品牌表达时尚，有的表达品位，有些表达青春，有的表达真爱。他们喊出了"真爱就选净是爱"，显然品牌才是刚需，产品已经不是刚需，产品被赋予了某种意义和情感价值，才是消费者购买决策的核心动力。

汽车都是四个轮子一个方向盘，但是为什么消费者会选择不同的牌子呢？消费者需要买一辆车，他们购买某个品牌的决定性因素是这个品牌背后的意义。想要安全感的选择沃尔沃，想要驾驶乐趣的买宝马，想要体现尊贵的买奔驰。

认清消费升级。

每一次市场的变化，都会有一些新词语出现，就是为了看起来符合时代的潮流，比如说新零售、新电商、新消费、消费升级等。每一个词语都把创业者和企业家弄得不知所措，好像自己脱离了时代，有种格格不入的感觉，同时自己的企业还被称为传统企业了。这样的变化和不确定性让创业者和企业陷入了极大的焦虑中，于是每天忙于寻找确定的答案。殊不知，这些词语只是为了描述现象，被人为定义出来的而已，并不是永恒不变的真理。反过来，如果了解现象背后的逻辑，你就发现这些现象都在表达同一个意思，只是为了和不同时代的人沟通，才会用不同的语言。

消费者需求的升级决定了消费升级。

过去企业和消费者的关系是消费者需要什么产品，我就生产什么产品，就一定可以卖出去；后来产品过剩，消费者想要更好的产品，所以谁家的质量更好就卖得好；再后来，社会整体生产水平趋向同质化，进入不再缺好产品的时代，消费者要寻找能够彰显自我价值、表达自我的品牌。这时候，消费者已经不是在产品上做出选择，而是在品牌上站队。希望花同样的钱得到更高的价值，甚至花更少的钱，买到价值更高的产品，比如小米手机，更注重价值，而不是价格。

消费升级的本质就是降低消费者的交易成本。

过去普通人想坐车，需要自己努力挣钱买车，才有资格享受坐车的待遇，显然坐车的成本很高。而今天，想坐车就变得非常容易，成本大大降低了。

卖的不是产品而是帮消费者消除痛苦。

消费者的痛苦来源于"爱"与"怕"，"爱"则有所求，想要占有自己喜欢的东西，贪心重所以痛苦；"怕"失去所拥有的，在不确定的世界追求确定性，逆无常必生烦恼。

品牌的价值在于，在不确定的时代给消费者确定的感觉，把客户担心害怕的情绪消除。比如消费者吃火锅、吃烧烤时，经常怕上火不敢吃，或者少吃，内心非常矛盾痛苦，爱吃烧烤又怕上火，王老吉就说"怕上火喝王老吉"，结果大获成功。帮助消费者拔除痛苦，获得快乐，这样的品牌才能更好地得到消费者的青睐。

从4P到4C。

传统经典营销4P包括产品、价格、渠道、推广，但是今天消费者的注意力已经不在产品上，而是在产品背后的意义上。这是从产品视角到用户视角的转变，产品的定价也是营销中非常重要的一个P。消费升级后，企业该考虑的不是产品卖多少钱，而是你的目标客户购买成本是否降低了。过去得渠道者得天下，现在是谁更便利、更贴近消费者的生活，谁就得人心，得人心者才得天下。过去需要花费很多广告费用推广产品，今天需要的是让用户主动分享，快速裂变。这是一场从从产品到客户（Customer）、从价格到购买成本（Cost）、从渠道到便利（Convenience）的转变，也是从推广到沟通（Communication）的进化如图4-1所示。

消费升级：消费者交易成本降低
品牌升级：营销4P向4C的转变，从企业视角到消费者视角

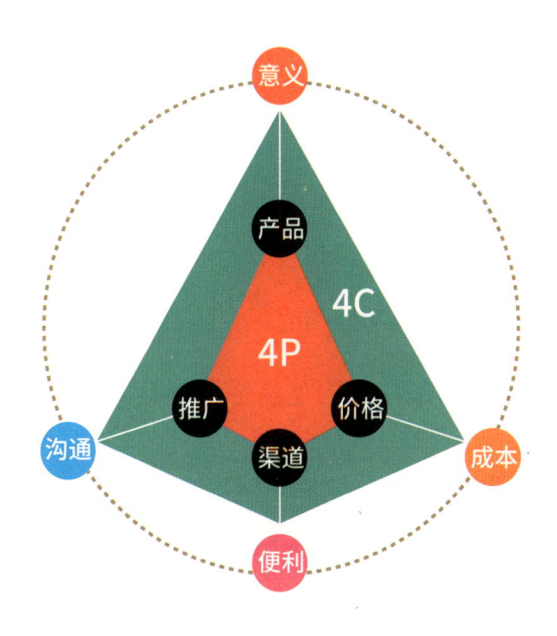

图4-1 品牌升级的底层逻辑

关于竞争。

竞争不是打败对方而是强大自己，共生才能健康发展，目光不要盯着竞争对手，而是要关注你的用户，用户需要的不是一个打败对手的胜利者，而是一个与众不同的品牌。

◎消费需求冰山原理

我们都知道营销的目的是满足消费者需求,但是很多企业找不到消费者真正的需求在哪里,即使找到了,大多数都是伪需求,所以很多企业在盲目做营销。消费需求决定了营销方向,但是,有多少企业真正知道消费者的需求呢?

很多创业者认为消费者的需求就是产品,只要把产品做好就可以了,结果有好产品却没有好销量。很多企业不了解消费者的深层次需求,只看到了消费者的显性需求,没有看到消费者的隐性需求。

那么,如何洞察消费者的深层次需求呢?首先,每个消费者的需求有两类,一类是显性需求,一类是隐性需求。

显性需求是什么呢？

简单来讲，显性需求就是对产品的基本功能需求，比如，我需要一辆车、我需要一个包、我需要一瓶水。大部分企业只看到消费者的这部分需求，当大家都想满足消费者在产品功能方面的需求时，竞争就会异常激烈，市场就是一片红海。这就是产品越来越难卖的真正原因。

隐性需求是什么呢？

隐性需求包括三个方面：精神需求、自我表达的需求、社交需求。这部分需求是产品以外的需求，比如，我需要一辆车，但是我想要沃尔沃；我需要一瓶水，但是我想要农夫山泉。这部分需求通常体现在品牌上，所以消费者隐性需求是需要某个品牌为自己代言，需要某个品牌表达自己的价值观，需要一个品牌彰显自己的价值和圈层关系。如果你只卖产品功能，消费者不会多花一分钱购买产品，这也说明了你的品牌没有价值。

很多企业把注意力都放到了产品上，因为他们都认为，产品就是消费者唯一需要的东西，也很肯定地认为自己的产品是最好的。但是在产品严重同质化的今天，产品已经无法体现两个品牌的差别，消费者面对众多品牌时，无法快速选择自己真正想要的品牌。

这就意味着，我们的产品功能价值已经无法体现出品牌的优势，无法作为消费者选择品牌的理由。当消费者从功能上的需求向心理需求转变时，你就会发现品牌真正的差异化和价值体现在消费者的心理认知上，而不是在产品上。

消费者需求本质上是利益需求，包括产品功能利益、精神利益、自我表达的利益、社会利益四大利益，如图4-2所示，这就是锐言消费需求冰山原理。

茫茫商海之中，大部分企业往往只看到了产品功能利益，忽略了其他三个利益，所以才会在一个点上竞争，导致产品同质化严重，市场就是一片红海。如果我们把大家都看到的产品功能利益比喻成露出海平面的冰山一角，那么其他三个利益就是海平面下看不见的部分。在商海航行的很多企业看不到，就以为不存在，每次撞上了冰山，甚至翻船了，还一直盯着产品不放，眼里只有产品，这就是品牌失败的根本原因，我把这种规律称之为"锐言消费需求冰山原理"。只要看透这个原理，在商海中就能一帆风顺，驶向一片蓝海。

物质(产品)只是消费者需要的,精神(意义)才是消费者想要的
从产品思维到品牌思维,从老板思维到用户思维

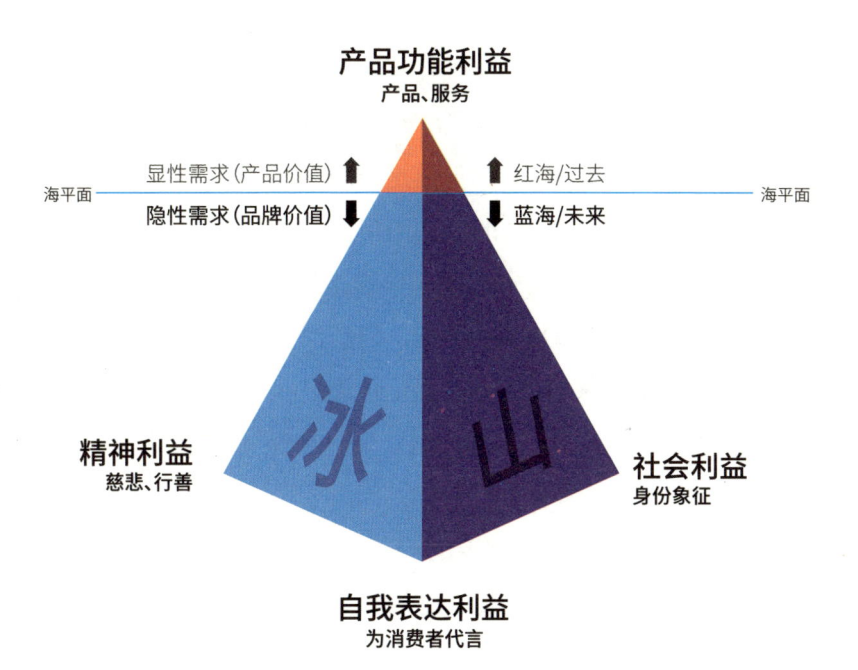

产品功能利益
产品、服务

海平面 —— 显性需求(产品价值)↑   ↑ 红海/过去 —— 海平面
隐性需求(品牌价值)↓   ↓ 蓝海/未来

冰　山

精神利益
慈悲、行善

社会利益
身份象征

自我表达利益
为消费者代言

消费者需求四大利益:产品功能利益、精神利益、自我表达利益、社会利益

图4-2　消费需求冰山原理

在锐言消费需求冰山原理的图中，海平面以上，大家都看得见的部分，就是显性需求；海平面以下看不见的部分，就是隐性需求。显性需求通常体现在具体的产品和服务上，隐性需求在精神文化方面体现，而品牌真正有价值的地方恰恰就在看不见的隐性需求上，这样的价值是无限的。一个企业如果掌握了这样的原理，可以让你的产品销售价格高于生产成本的几倍甚至几十上百倍。市场上很多这样的品牌，大家都有目共睹，他们的产品并不见得是最出色的，但是消费者要的是产品背后的隐性价值，这部分价值才能真正让用户获得感得到提高，这就是品牌为用户创造的价值。记住，不是产品功能价值。

产品功能是消费者需要的产品，是生活所需，但是面对无数的同类产品，消费者要快速选出适合自己的品牌是相当困难的。如果一个品牌能够洞察消费者的心，想消费者之所想，找到目标消费群体的深层次需求，就可以让消费者快速作出选择，因为决定消费者购买的是品牌传递的价值，而不是产品。

◎品牌成长逻辑

先有品牌，再有营销。

我相信大部分人都认为品牌是在营销中慢慢形成的，一开始什么都不是，经过长时间的经营，就形成了品牌。这样的认知误导了很多企业，让企业把品牌打造的精力全都放到了过程上，却不关心起点和终点在哪里。

首先我们要知道，营销就是如何让消费者感觉你好，然后购买你的产品。营销方法通常分为两类，一类是产品营销，另一类是品牌营销。产品营销把产品送到消费者手里，让消费者看见产品，通过活动、促销等手段，激发购买欲望；品牌营销将品牌送到消费者的心里，让消费者先认可品牌价值，然后主动购买产品。

营销产品的时候，产品必须是完整的产品；同样的，在营销品牌的时候，品牌也要是个完整的品牌。所以在品牌营销中，首先必须要有一个系统的、完整的品牌，否则营销出去的品牌不但没有任何意义，而且是散乱的，会直接影响消费者对品牌的认知结果。

先构建一个完整的品牌，再做营销，才是正确的思维。先做营销再有品牌，或者营销本身就是做品牌，都是不对的。根据锐言因果品牌原理先构建好品牌价值系统，再通过营销手段将品牌价值复制到消费者心里，这时候消费者接收到的品牌才是完整的品牌、有价值的品牌。企业创始人往往就是品牌的第一个忠实粉丝，然后将品牌不断复制给更多人，让更多人看到的品牌和创始人心中的品牌保持一致，这时候品牌才真正被完整地营销出去，以一个完整的品牌走进消费者的心里。

品牌成长是不断复制的过程。

品牌复制不是把自己复制成别人的样子，而是把自己复制到用户的心里。将品牌的真心复制到用户心中，让完整的品牌在用户心中形成与品牌真心一模一样的事实。

品牌打造不是从小变到大的过程，而是从真心到实意，从虚到实的过程。真心就是整个品牌未来的样子，真言和真行就是把这个虚构的未来放进用户心里，并让这个虚构的品牌在用户心中变成事实。所以，打造品牌不是等有条件才去做，而是从一开始就先找出真心（品牌核心价值构建），然后力所能及地把真心变成实意，一点一点地兑现承诺，由虚变实。这就是锐言因果品牌原理中，"因位"上的品牌变成"果位"上的品牌的过程。

大家是否还记得，小学的时候，老师让同学们写下自己的梦想，未来要成为什么样的人。同学们有的要成为科学家、要成为医生、要成为军人，有的要像爸爸一样做一名工人，要像妈妈一样开饭店，每一个同学都写出了自己的梦想。从此以后，我们都会以这个人的梦想来看待这位同学的所作所为，看看想成为医生的同学，学习是否努力，言行是否符合医生的德行；看看想成为科学家的同学是否足够刻苦，言行是否有科学家的潜质；看看想成为军人的同学，是否像军人那样坚强，是否有正义感、有牺牲精神；看看想开饭店的同学，数学成绩会不会好，有没有经济头脑。

每一个人的梦想都会像一颗种子一样，植入了所有同学的心里。如果看到这些同学努力学习的镜头，都符合自己的梦想，由心而发地去努力，大家就会相信他们一定能实现梦想。

反过来，有些同学立志要成为科学家，但是他每天不学习，而且贪玩、睡懒觉、不写作业，没有人会相信他能成为科学家，反而会觉得他这辈子都会一事无成。

当小学毕业20年后，这期间如果你没有见过这些同学，也没有他们任何消息。现在让你猜猜他们在做什么，成了什么样的人，你一定会根据小学的印象去猜，哪位同学应该是科学家，因为他的梦想是科学家，而且他当时那么努力。某某同学一定是医生，他当年非常喜欢做医生，而且非常上进，成绩也很好。某某同学现在肯定混得不好，一事无成，虽然他的梦想是做军人，但是他非常懒，又不爱学习，还经常旷课。为什么你这么肯定呢？因为当年你就已经把他们实现梦想的样子埋在心里了，你相信当实现梦想的条件都符合以后，剩下的只是时间问题。现在过了20年，虽然他们的真实情况你都不知道，但是你心里对他们的猜测就是真实的，因为你小学的时候心里就已经形成了他们成为医生、军人、科学家的印象了，现在只是把梦想变成事实而已，你相信他们的言行一定可以实现梦想。只要不告诉你他们现在的真实情况，你心里对他们的认知就是小学时期的认知，也就是现在的认知。

品牌打造也是同样的，先在人们心中种下一颗种子，用户对品牌有了一个完整的认知，但是这个认知是虚的，虽然是虚的，但在用户心里却是完整的。要想把虚的印象变成实的认知，就需要我们通过言行不断兑现品牌的梦想和承诺，用户自然会认为品牌一定会成为品牌承诺的样子，就像你相信小学同学一定会实现他的梦想一样。先要有完整的梦想，也就是品牌真心，然后所有的努力都是为了实现梦想，就是品牌的真言和真行，就是为了兑现品牌承诺。这样每个接触品牌的用户都会瞬间形成一个虚拟但完整的品牌印象，这就是"因位"上的品牌。为了把这种虚拟的印象在用户心里变成事实，就需要通过言行不断地兑现品牌的承诺（这就是品牌沟通系统），比如你说品牌要为环保做贡献，那么品牌的经营活动就应该为环保事业做一些具体的事情。每做一次，虚的就会变实一分，品牌不断践行真心、真言、真行的过程，就是品牌不断由虚变实的过程，当品牌的承诺在用户心里变成事实的时候（这就是"果位"上的品牌），用户就会变成品牌的忠实用户。

真心找到之后，那个真心就是"因位"上的品牌，真言和真行能把"因位"上的品牌变成"果位"上的品牌，也就是从创始人心中的品牌，变成消费者心中的品牌。

品牌的因就是果，你在用户心里种下的种子是什么，最后品牌在用户心里就会呈现什么样的果，真言和真行就是种子从发芽到结果的助缘（阳光、水、空气等）。在确保真心不变的情况下，我们可以根据企业自身条件，力所能及地做，把过程做好，结果自然会到来，千万不要等待某个条件成熟再去做。

品牌先行，做广告、做营销、做活动之后才能沉淀品牌价值；做品牌之前，做好产品是品牌成功的基石，是用户重复消费的条件。先有品牌再有营销，品牌是价值，营销是复制品牌价值的手段。

◎品牌营销的四个维度

选定营销方向的前提是洞察消费者的需求，这就要用到前面讲过的锐言消费需求冰山原理，这样我们的品牌营销就有了依据。我们回顾一下，消费者的需求有两类，一类是显性需求，另一类是隐性需求。其中显性需求就是产品功能需求，隐性需求包含三个方面：精神需求、自我表达的需求、社交需求。消费者在生活中总是想逃离痛苦获得快乐，不同消费者的痛点不同，也就有不同的追求，有的追求产品，有的追求精神满足，有的追求彰显个性，有的追求身份地位。所有品牌首先要聚焦消费者的痛点，才有可能了解他们的真正需求，否则就很难确定品牌营销的维度。

根据消费者的四个利益需求，品牌可以在四个维度上做营销，即产品维度、精神维度、个性维度和社会维度。你的品牌属于哪个维度的品牌，取决于目标消费群体的需求。如果你的目标受众在某个品类中已经有别的品牌抢占了产品维度，新品牌在品类不变的情况下就要选择新的维度。比如以前苹果手机在产品维度上是第一，那么小米手机就在个性维度上塑造品牌；茅台在社会维度是领军者，江小白就在个性维度上塑造品牌；星巴克占位社会维度，瑞幸咖啡就走个性维度；沃尔沃已经占位社会维度，特斯拉就占位精神维度的环保意识。

不管占位哪个维度，产品是品牌的基础，一切的价值都需要产品来承载。不管消费者需要什么样的精神价值，都需要产品作为载体来实现，所以利益的正确呈现方式是"产品+文化"。从消费者的角度就是"显性需求+隐性需求"，从品牌的角度就是"显性价值"+"隐性价值"，显性价值是产品和服务价值，而隐性价值是品牌价值。换句话说就是，消费者需要的是赋予了某种文化的产品，这就是品牌。我经常说产品不是刚需，品牌才是，这句话的意思就是，消费者的刚需已经从一开始单纯的"需要"产品，变成了"想要"品牌。很多企业之所以一直认为把产品做得更好就一定能卖得更好，就是因为没有看到消费者的隐性需求，更没有理解品牌的价值是什么。其实消费者不是需要的你产品，而是想要用你的品牌来表达自己的价值，消费者一直在寻找一个能表达自己、提高自己价值、改变周围的人对自己看法的品牌，而不是一款更好的产品，这才是消费者的深层次需求。

把产品做好是品牌的第一任务，产品维度加上个性化维度或者精神维度的打造，也就是品牌打造的方向，这才是消费者的需求。品牌刚起步，可以选择产品加某个维度进行打造，但是要记住四个维度都要不断成长，最终形成的封闭面积越大就说明你的品牌力越大，也说明消费者对你的忠诚度越高。

为用户创造价值，才是品牌存在的价值。

大商之道，先予而后取。利益众生，则众生利益品牌。企业如果只关注销售，那么就会被销售所困，销售的前提是你的产品或服务对他人有用，否则，再高明的销售手段，最终也是徒劳。品牌能为消费者创造价值，消费者必然对品牌青睐有加，这份价值不仅仅是产品的功能价值，还有更多的附加价值。当产品功能没有了竞争力，品牌应该把核心价值建立在附加价值上，附加价值是消费者在你和竞争对手之间做出选择的理由。

消费者为什么选择一个品牌，是因为这个品牌能给消费者带来某种利益价值，在四个维度上可以找到相应的利益价值。在一个新产品出现的时候，产品的独特功能就是消费者需求的利益点，产品维度就是品牌的营销维度。当产品已经成熟，而且市场上已经有很多的品牌都有同类型产品时，品牌进入市场时就不适合在产品维度营销，而应该转向其他维度，比如个性维度、精神维度或社会维度，如图4-3所示。

个性维度是中小企业的最佳选择。

一个品类发展到一定程度，会出现某个品牌会代表品类，比如王老吉代表降火凉茶，苹果代表智能手机，可口可乐代表可乐，麦当劳代表汉堡等，在产品维度获得了巨大的成功。中小企业缺乏产品研发能力，想在产品上具备强大的优势，相对比较难，需要花费的资金也是非常巨大的。

在成熟的品类里面，也有一些代表社会维度的品牌，比如，茅台代表国酒，劳斯莱斯代表尊贵奢华，星巴克代表高端咖啡等，代表了消费者的价值追求。中小企业想要在社会维度树立自己的品牌价值，首先面临的就是和大品牌的抗衡，初创企业的竞争力相对薄弱，最好避开与大品牌的正面竞争。

随着人们的生活水平不断提升，对物质的追求逐步转向对精神的追求，当然品牌的目标消费群体定位，决定了消费者的追求重心。不管是哪类人群，都要看到用户的成长和变化，看到由物质追求向精神追求的转变。所以，为品牌赋予某种精神意义是有必要的，在精神维度上获得成功的企业也是比比皆

多边形的样子，就是品牌的样子。多边形的面积大小，和品牌力成正比。
品牌的维度决定了营销方向。

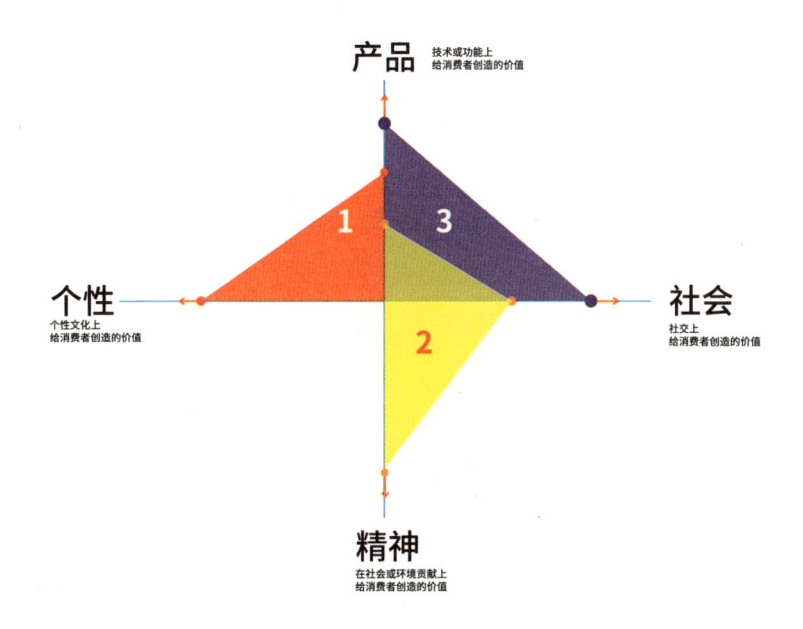

产品 技术或功能上
给消费者创造的价值

个性 个性文化上
给消费者创造的价值

社会 社交上
给消费者创造的价值

精神 在社会或环境贡献上
给消费者创造的价值

图4-3 品牌营销思维法则

是，比如巴塔哥尼亚是代表环保的户外装备品牌，汤姆斯是代表关注儿童穿鞋问题的布鞋品牌，特斯拉是代表环保的汽车品牌，还有锐言全程策划的红冠马代表支持环保的二手车品牌。这样的精神意义，能让消费者购买产品时，获得更多的荣誉和自豪感，也是给消费者选择你而不选择竞争对手的强有力的理由。这样的品牌不仅可以让用户感到自豪，也会提升社会大众对品牌的美誉度。中小企业以精神维度为营销方向，需要品牌发出真心和持续不断的执行力，心、言、行合一，方能俘获用户心智。

个性维度，顾名思义就是将某个群体的某种个性化的价值追求作为品牌营销方向。比如选择小米手机就代表我是发烧友，选择哈根达斯就代表我爱她，选择江小白就代表我是年轻人，选择启旺蓄电池就代表我是奋斗者，这些品牌的特点就是能够帮助用户表达自己的个性，彰显自己独特的价值观和情怀。中小企业在个性维度上做营销能够比较精准、快速地建立品牌，聚焦一群人，聚焦一个价值观，聚焦一种沟通方式，输出一群人专属的个性文化价值。通过社群及裂变模式，可以快速建立品牌在特定人群中的忠诚度，先从价值观入手，你接触的每一个人只要认可你的价值观，他就是你的忠实粉丝，就会无条件传播分享出去，因为品牌的价值观也是他的价值观。品牌在帮助消费者创造并表达自己的价值，消费者就会无条件地自发地分享品牌。品牌在用户的裂变下，知名度会变得越来越高。中小企业在没有大量资金做广告的情况下，就没有办法按照先打知名度，再做美誉度，最后到忠诚度的顺序构建品牌。中小企业要反其道而行，通过在特定区域和特定人群中塑造品牌忠诚度，借助忠诚用户不断裂变，最终提高知名度，这才是中小企业能够逆袭的超级品牌思维。

每个品牌都有自己适合的维度，只有在适合的维度才能真正快速获得成功，那么，如何选择适合品牌的营销方向呢？

第一，产品维度。

我们什么情况下选择产品维度营销呢？一般情况下，如果你在产品研发上有创新、有突破，而且这个创新和突破能真正解决消费者的痛点，那你的营销方向就要选择产品方向。

产品维度的营销需要遵循以下四个思维：
一是只讲一个卖点；
二是用户思维定买点；
三是卖点常识化；
四是卖点场景化。

比如OPPO手机，其自主研发的充电技术，解决用户手机充电慢的问题，他的营销方向就是产品维度，他只提出了一个产品功能上的差异化卖点，强化充电速度快的特点，所以他的广告语就是"充电5分钟，通话两小时"。他不说自己有很多功能、很多卖点，只说一个。他也没有解释产品的技术和专利，而是用常识化的语言和消费者沟通，广告语很清楚地体现使用场景，让用户瞬间联想到充电的场景。同样成功的品牌还有元气森林,它的产品差异化卖点是"0糖0脂0卡";美的空调的变频技术,把省电作为卖点,广告语是"每晚只用一度电";王老吉的"怕上火喝王老吉",让其在产品营销大获成功,最终成为产品细分品类的代名词。

第二,个性维度。

那么,在什么情况下选择个性维度的营销方向呢?如果你的产品和大多数同类产品没有明显的区别,也没有在产品功能上有特殊的创新。你有的,别人也有,你没有的,可能别人也有,这时候你的营销方向就可以选择个性化营销维度。

个性维度的营销要遵循四个营销思维:
一是聚焦一群人(从产品思维变成用户思维,找出用户深层次需求);
二是提出一个用户价值观,或占位一种文化(注意是用户价值观,不是老板价值观);
三是提高产品包装的颜值和体验感;
四是持续输出符合价值观的内容。

在个性维度大获成功的品牌也是非常多的,比如江小白,他不强调产品,只提出一种生活态度,迎合年轻人,表达目标人群的情怀，帮助用户表达自己的价值观；还有小米手机，提出"为发烧而生，为青春喝彩"的价值主张，收获了大量粉丝，给了消费者一个充分的购买理由，买小米手机成为一群人表达自我的工具。

第三，精神维度。

精神营销维度，是通过为社会、环境、公益等作出贡献，赢得社会的尊重和赞美，消费者通过购买这些品牌的产品，获得相应的精神价值。那么，什么品牌适合精神营销维度呢？如果你的企业经营行为，对社会或环境或某个人群有直接或间接的改善作用，或者有直接或间接的颠覆作用，都可以选择在精神方向上做营销。最关键的是看创始人的发心，创始人的发心决定了一切。

精神维度的四个营销思维：
一是用公益的心做商业；
二是提出一个品牌承诺或者使命；
三是解决一个社会问题；
四是用行动兑现品牌承诺。

比如汤姆斯的布鞋，他的经营策略很简单，就是"买一送一"，品牌承诺每卖出一双鞋，就会给世界范围内的贫困儿童免费定制一双鞋。结果很多好莱坞明星都去买他们的鞋，免费为他们代言，汤姆斯之所以这么火爆，就是因为他的公益性质和精神价值。大家购买产品不是单纯为了使用产品，而是通过购买产品做公益，满足做公益的愿望，也有的是通过购买产品让别人知道自己是有爱心的。不管是什么意图，其品牌营销是成功的，这就是精神维度的品牌。广州有个素食店，叫滴水坊，定位"素食与公益同行"，一直以来坚持给环卫工人赠送爱心包子。除了爱心包子活动，他们还帮扶特殊群体，将大部分经营收益都捐出去，成了当地的爱心集散地。换来的品牌价值就是，大家支持滴水坊就是做公益，到滴水坊吃饭就是做公益的一种满足感。还有国民品牌鸿星尔克突然爆火的事件，也是因为正好符合了精神维度营销的逻辑，所以大家买的不是鞋，是品牌的精神。很多人买鞋不只是为了穿，而是为了做公益，是为了表达自己支持国货、支持良心企业的心。另外，还有白象方便面等品牌。

第四，社会维度。

在社会维度营销方向，品牌是某种地位、身份的象征。比如，某些品牌代表尊贵，代表成功，代表高品位等。这样的品牌通常需要"时间+名人背书+历史文化+运气"才能够成功。

很多人想一夜之间成就一个品牌，那肯定是不可能的。

这样的品牌通常得到全社会的认可，而且很贵，只有少数人能购买，多数人想要但是买不起。正因为这样，才让买得起的人获得优越感和价值感。比如茅台、劳斯莱斯以及各种奢侈品牌，他们都是不可复制的，也是历史的产物。

过去有很多老板，总想让品牌代表尊贵、代表成功等，其实这些都是很难做到的。所以，我奉劝中小企业，还有初创企业，不要做这个方向的营销，即使烧钱也是做不起来的。只有你的品牌能够存活得够久，才有可能成为社会维度的品牌。

无论是哪个维度的品牌，在各个维度上创造价值，就会赢得用户的青睐。用户需求决定品牌的维度，品牌维度决定了品牌价值，一切品牌的价值都是为用户创造价值，包括产品上的、精神上的、个性化上的、社会上的。品牌成为用户用来表达自己的工具，品牌才真正有价值。

一个品牌是否有价值，在于它能否为用户创造价值。

——梁宏宁

幸福圖 辛巳秋月 蒼翠軒／筆之

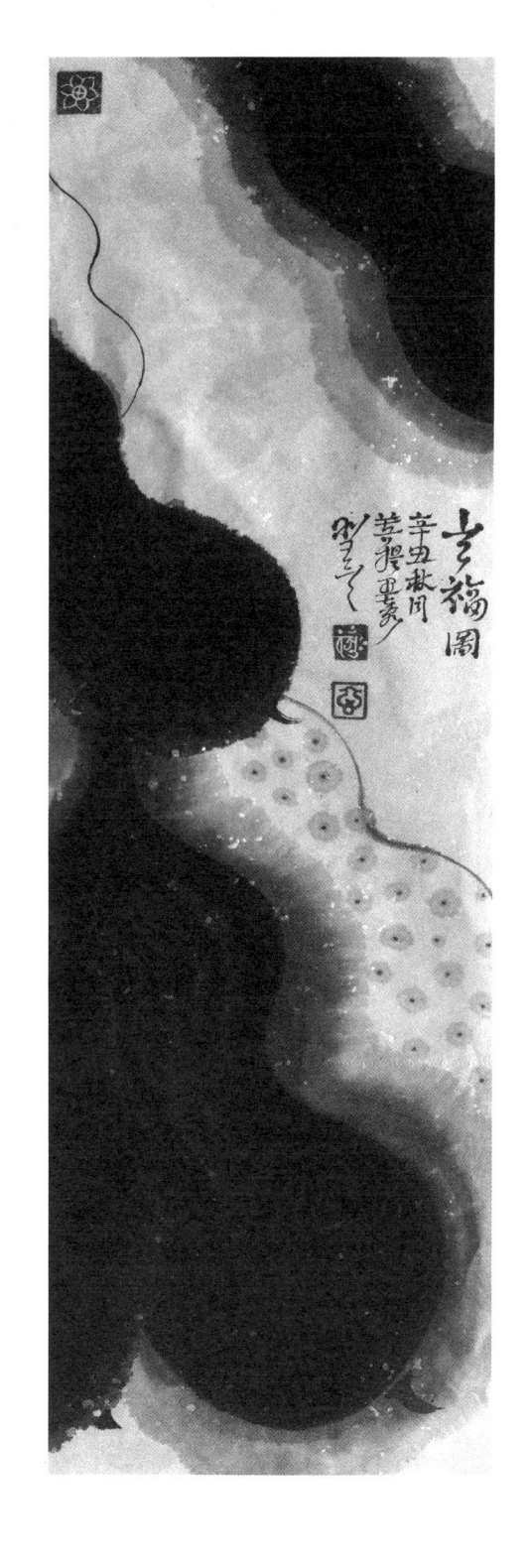

第伍境

问 因果
品牌自我诊断六问法

　　品牌最大的敌人是自己，对自己不够了解，则很难向外界展示自己的优势。如果品牌与消费者沟通的方式出了问题，再好的产品也不会被消费者相信。解决了品牌对外沟通的六个关键问题，打造品牌就成功了一大半，另外一小半就是行动。接下来我们一起掌握品牌诊断六问法：我是谁？我存在的意义是什么？我的产品是什么？谁想要我？为什么想要我？为什么分享我？

当我们不知道自己的品牌是否完善、是否健康时,不妨使用品牌诊断六问法,找到问题的因,就会有对应的法去解决,也许回答这六个问题不难,难就难在是否清晰准确。

◎第一问：
我是谁——找到清晰的品牌定位

把自己弄明白，用户才能明白你。

你能用一句话告诉我你是谁吗？很多老板向我描述了企业的各种优势，规模有多大、有多少员工、办公面积、厂房面积、获得了什么技术专利等。这就是教科书式回答，这样的回答，听起来实力如此强大，产品应该不愁卖了，可消费者就是不买账。放在过去，这样的企业很吃香，但今天想要把产品卖出去却异常艰难。如何回答这个问题决定了你是老板思维还是用户思维，老板思维就是总觉得自己什么都好，为什么你不买呢？用户思维是，你们企业这么强大和我有什么关系，我关心的不是你有多大，我关心的是你能给我创造什么价值，我买你的产品以后，我身边的人如何看待我。消费者只关心自己的利益，而不是你的实力。企业老板心中的品牌和消费者心中的品牌往往是一个天上一个地下。老板如果只站在自己的角度看待企业，看到的全是优点；消费者通常只站在自己的角度看企业，他们需要的不是你告诉我你有多强，而是我为什么要买你的产品。这就是企业的真心和消费者认知之间的鸿沟。

世界上成功的品牌都是如何回答这个问题的呢？沃尔沃回答"我是安全的汽车"，宝马回答"我是驾驶快乐的汽车"，小米回答"我是发烧友，我为发烧而生"，七喜说"我是非可乐"，每一个品牌都有清晰的身份。

如果自己都不知道自己是谁，不能清晰地描述自己，那么消费者就更不会知道你是谁，也不可能传播你、分享你。所以，如果你的品牌还没有身份，就要把自己的身份设定好，以便传播的时候能够清晰地告诉消费者，帮助消费者轻松地找到他们想要的品牌。

如果你还不能清晰地回答自己是谁，这就说明你的营销和广告费用都属于浪费，因为消费者不会浪费时间在一个与他无关的品牌身上。如果你的身份很清晰，就会吸引精准的用户，你的营销成本也会变得很低。所以，只有把自己弄明白，用户才能更加容易明白你。

◎第二问：
我存在的意义是什么——明确品牌的价值

  品牌存在的意义比品牌本身更重要，消费者要的不是产品，而是产品背后的意义，这个意义就是品牌的价值。如果你的存在只为你自己，那你的品牌对用户来讲毫无意义，对社会、对消费者来说也没有任何价值。

  小米说"我为发烧而生"，瓜子二手车说"我为没有中间商挣差价而来"，阿里巴巴说"我为让天下没有难做的生意而来"。每一个品牌都有他存在的意义，这个意义就是他能为社会解决什么问题，能为用户解决什么问题，能为行业解决什么问题。这就是一个品牌的发心和承诺。

  为什么品牌存在的意义这么重要呢？因为我们都知道，消费者今天的需求已经不只是物质价值，更需要精神价值。有时候，购买一个产品意味着什么，比产品有什么用更加重要。

在同类产品中，在产品功能差不多的情况下，消费者更愿意购买带有某种意义的产品。因为人们购买产品时，大部分还是希望通过购买某个品牌的产品，让自己看起来更加富有、更加时尚、更加有爱、更加关注环境、更加注重健康等。比如购买沃尔沃意味着我注重安全，购买汤姆斯布鞋意味着我有爱心，购买江小白意味着我年轻等。所有成功的品牌都代表着某种意义，你找到自己品牌的意义了吗？如果找到了，恭喜你，你的品牌会主动吸引需要这个意义的人，你的营销成本将会大大降低。总之，品牌存在的意义比品牌本身更重要。

◎第三问:
我在卖什么——定义差异化品类

产品可以不是最好的，但一定是不同的。所有企业都看到一个事实，那就是产品同质化越来越严重，大部分企业的办法是改造出更先进的产品，试图打败对手，但是你会发现即使你的产品真的比别人好，还是卖不出去，这究竟是什么原因？

当有人问你在卖什么的时候，很多人非常自信地回答，我的产品就是我现在卖的东西呀，比如我卖水果、我卖蛋糕、我卖汽车、我卖衣服等。如果你的产品只是产品本身，那么我们的产品和别人的产品没有任何差异，既然都是一样的产品，消费者没什么理由必须买你的产品。为了卖出去，你会拼命地告诉消费者，我的产品比别人好，但是消费者还是不相信，因为你根本无法证明你的产品比别人好。

消费者其实需要的并不是最好的产品，而是想要一个与众不同的品牌。我说这个问题是想提醒大家，我们的产品需要差异化，也就是要创新，只有创新才有可能获得更多利润。如果你只是卖冰淇淋的，那你和其他品牌没什么区别。有个品牌叫哈根达斯，他说"爱她就送她哈根达斯"，很贵但是依然有人买，为什么？其实哈根达斯卖的不是冰淇淋，卖的是爱的表达方式。所以我们要明白，单纯的卖产品功能已经行不通，只有做好产品差异化定位，才有可能在众多同类产品中脱颖而出。现在，拼的不是你的产品更好，而是你的产品被异化到什么程度，哈根达斯的产品是"冰淇淋+爱"，沃尔沃的产品是"汽车+安全"。那么你的产品是什么？可以用这个公式——"产品+什么"——重新定义你的产品，摆脱竞争，另辟蹊径，不要更好，只要不同。

◎第四问：
谁想要我——找到精准目标用户

只服务一部分人的品牌才更有价值。

人是群居动物，没有一个人能脱离群体，每个人都有他熟悉和喜欢的族群，在这个族群中会感到更加快乐、更加安全、更加自在。每个人都在寻找适合自己的族群，在族群中，有相同或相近的生活习惯，有一样的价值观和生活态度，所以才会让该族群的成员有归属感、有价值感、有安全感。现在的族群划分越来越细，同样是年轻人，却会有很多不一样的年轻人。划分族群的方式可以按地区划分，比如说你是北京人，我是广西人，他是上海人；也可以按照学历划分，比如你是大学毕业，我是高中毕业，他是博士毕业；甚至有用喜欢的电影来划分的，比如我爱看好莱坞大片，他爱看国产大片，你爱看战争片。似乎一切有某种属性的标签都可以划分族群。所以，品牌同样也可以划分族群，比如我是开宝马的，你是开奔驰的，他是开比亚迪的，很显然买相同品牌汽车的人是同一个族群，他们有着相似的价值观和生活态度。

如果一个品牌不能划分族群，不能成为这个族群的标签，那么这个品牌就没有价值，也不会被一群人想要。品牌如果不明确目标人群，就不会有人想要。聚焦一群人，就意味着要拒绝另外一群人，只有品牌具备划分族群的功能，才会被一群人当作族群的标签，比如哈雷摩托、星巴克、小米手机、巴黎水、江小白、元气森林等。使用相同品牌的人群都属于同一族群，如果谁想进入一个族群，可以通过购买某个品牌的方法，这就是品牌精准人群定位的重要性。

谁想要你的品牌，意味着你的品牌有清晰的人群定位，很多消费者可不想买一个谁都可以买的品牌，更不想用一个人人都用的品牌。我们必须聚焦一群人，才知道用什么身份和他们沟通，才能成为他们想要的品牌。

◎第五问：
消费者为什么想要我——给消费者一个购买理由

不要告诉我你有多好，我只想知道为什么买你。

当你确定了目标用户后，他们对你的产品还是无动于衷，因为他们没有任何理由买你的产品。找到消费者后，很多人就开始向消费者解释自己的产品有多么好，结果还是卖不出去，其实消费者更关心自己有多好，而不是你的企业。我在近20年的品牌咨询工作中，看过很多企业失败的原因，不是产品不够好，也不是规模不够大，而是只会解释自己的产品有多好，没有解释产品为什么对消费者很重要。没有找到消费者痛点，就不可能有好的购买理由。洞察消费者痛点，然后给出解除痛苦的方案，这就是购买理由。比如王老吉的"怕上火喝王老吉"，消费者吃烧烤，吃火锅，怕上火，怎么办？解决方案是喝王老吉。锐言品牌帮助一个叫南珠妹的农业品牌做产品策划的时候，他们有一款产品叫作紫薯燕窝露，这个产品的目标人群是注重身材管理、正在减肥或怕胖的人群，这个产品可以代餐。我们发现某些人经常不吃或者少吃晚餐，当你问他们为什么时，他们会异口同声的告诉你："怕吃多了变胖。"我们发现这就是用户痛点，所以南珠妹紫薯燕窝露就提出"怕吃多变胖，早晚餐喝南珠妹"的广告语。广告语就是要喊出购买理由，让消费者快速选择。你的品牌有没有提供一个购买理由，能不能用一句话表达出来呢？如果没有，我相信你应该找到产品不好卖的原因了，既然找到问题了，那就把问题解决掉，让自己的品牌更加健康，让销量更上一层楼。

◎第六问:
客户为什么分享我——为用户创造价值

分享你不是为你好,而是为我自己好。

让消费者买你的产品,这只是基本的市场营销,能让消费者心甘情愿地分享品牌,才是真正的高手。如果你想低成本成就品牌,用最少的资金获得最大的流量,给用户制造分享的理由就是最好的方法。大部分企业只关心自己,所以没人分享你,当你用帮助用户创造价值的思维做品牌时,你会发现,用户会自愿、自发地把你分享到朋友圈、抖音、小红书等各个社交媒体上。你以为需要给消费者什么好处他们才会分享吗?不是的,你只需要明白用户为什么分享就可以了。换句话说就是,分享你对用户有什么好处呢?用户分享你不是为你好,而是为他自己好。锐言消费需求原理告诉我们,消费者希望有一个品牌能表达自己,表达自己的价值观,表达自己内心想说却无法说出的话,表达自己的立场。如果你的品牌没能帮助消费者表达任何东西,消费者是不可能分享你的。所以,品牌被分享的理由只有一个,那就是你给用户创造了某种价值,什么价值呢?比如说一些品牌一直为环保做贡献,消费者分享它是为了彰显自己对环保有责任心。你的品牌能让消费者分享的理由,不是你说了什么,而是你通过行为兑现了品牌说过的承诺,只有行动之后,才会有价值,才更可信,消费者才会分享你。消费者分享品牌是想告诉所有人,他和这个品牌有一样的价值观,前提是品牌有价值观。

借助品牌表达自己,让自己在别人心目中更加高尚,更加有品位,更加有爱心。真行兑现品牌承诺,才是消费者分享你的真正原因。

再举几个例子,帮助大家进一步理解这几个问题。关于我是谁,比如汽车领域的沃尔沃是谁,他如果说"我是生产汽车的品牌",那么全世界有那么多的汽车品牌,他算老几呢?所以他就定义自己为"代表安全的汽车",与之相似的,宝马说"我是快乐驾驶的汽车",奔驰说"我是代表尊贵的汽车"。第二个问题:我的产品是什么。如果大家都说自己是卖汽车的,那就没差别了。沃尔沃的产品是安全的汽车,宝马的产品是快乐驾驶的汽车,奔驰的产品是代表尊贵的汽车。第三个问题:谁想要我?买沃尔沃的就是注重安全的消费者,买宝马的就是注重驾驶乐趣的消费者,买奔驰的就是注重尊贵身份的消费者。第四个问题：为什么想要你？沃尔沃说"注重安全说明你是有责任心的人"，奔驰说"尊贵就是你的身份象征"。你看所有成功的品牌都能找到问题的答案，他们才能精准地做营销，知道自己代表安全，他就不会强调驾驶的快乐，难道开沃尔沃不快乐吗？也快乐；难道宝马和奔驰不安全吗？也很安全，只是每个品牌的占位点不一样。满足不同用户需求，就能创建属于自己的赛道。

一个想要快速崛起的品牌，对于这最根本的六个问题，如果都不能清晰快速回答上来，那么就不可能往下走，更不要指望产品能卖好。上面这六个问题就是品牌诊断的方法，通过问答审视自己的品牌现状，测出你的品牌存在的问题，这也就是品牌诊断最有效的方法。品牌打造与企业大小无关，只要你能做好身份定位、产品定位，找准用户，给出有价值的购买理由，就可以打造出属于自己的品牌。面对这六个问题：我是谁？我存在的意义是什么？我在卖什么？谁想要我？为什么想要我？为什么分享我？我们开始寻找答案吧，让我们的品牌更加规范化，用最低的成本快速打造品牌。

品牌诊断智慧：问道，问因，不问果。

——梁宏宁

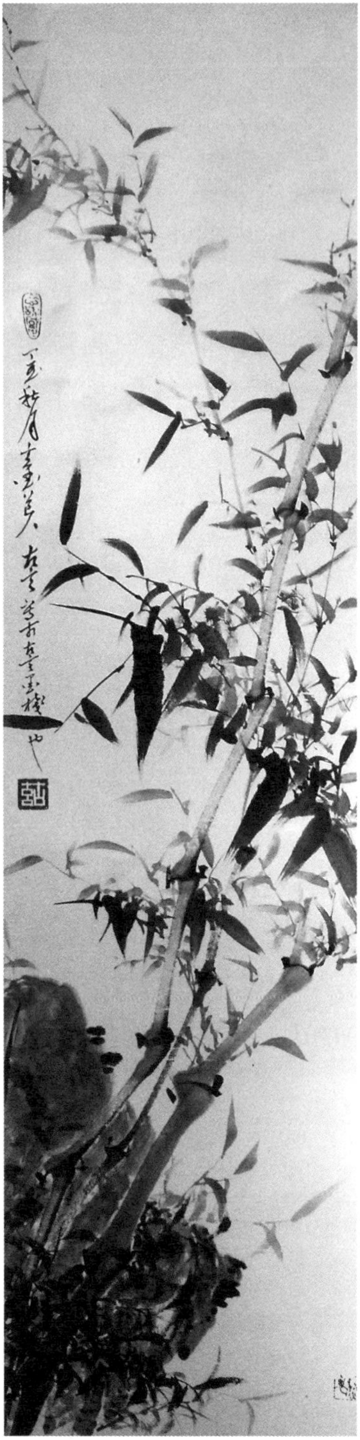

第陆境

用 方法
品牌快速崛起的超级方法

　　当我们知道了品牌成功的前因后果，知道再小的个体都可以打造品牌，并且掌握了洞察消费者深层次需求的底层逻辑，接下来就是如何通过一套完整的系统和步骤打造品牌，掌握八个具体的品牌塑造方法，帮助企业立体式、专业化打造品牌，让品牌健康快速地崛起。

◎品牌八法：让品牌快速崛起

遵循因果品牌原理，找到真心，就决定了后续的一切经营活动。品牌八法的核心法则是真心不见法不生。

品牌八法是以品牌六字真言（真心、真言、真行）为根，演化出来的方法，能够让企业运作品牌时可以快速构建品牌系统，让品牌能快速崛起，让中小企业也可以力所能及地打造成功品牌，走在正确的品牌路上，少做无用功，少走弯路，如图6-1所示。

品牌八法口诀：
找出真心，定义自我，利益大众，用户裂变，果自然成。

发无我的真心，显符合真心的身份，做利益大众的事，用户就会不断分享裂变，品牌之果自然成熟。

品牌六字真言：真心、真言、真行

心法口诀：
找出真心，定义自我，利益大众，用户裂变，果自然成

图6-1　品牌八法

◎方法一：找出真心

企业真心要解决的问题，就是品牌存在的价值，问题越大品牌价值越高。

真心决定了品牌后续的所有经营活动，所以这是品牌营销第一步，也是最重要的一步。

品牌的存在就是因为能解决某个问题，否则品牌是毫无价值的，这就是品牌存在的意义。解决企业自身的问题，解决消费者的问题，解决行业的问题，解决社会的问题，解决世界的问题，每个企业都要选择自己要解决的问题，问题的难易程度，决定了品牌的生命周期。也就是说，如果品牌选择的问题一年之内就已经解决了，那么这个品牌一年后就没有存在的必要了；如果品牌选择的问题100年都解决不了，那么品牌就有存活100年的基因。所有品牌的起点都是先找到真心要解决的问题，如图6-2所示。

找到真心的三步曲：

第一步，明确社会责任心，找到品牌可以解决的行业或社会中存在的问题。

第二步，定位消费者的心，定位目标人群，并洞察目标群体的深层次需求。

第三步，坚定创始人的心，创始人利益大众的发心。

产品、服务
（创始人发心）

洞察用户
深层次需求

找出
社会需求

品牌真心
解决一个问题

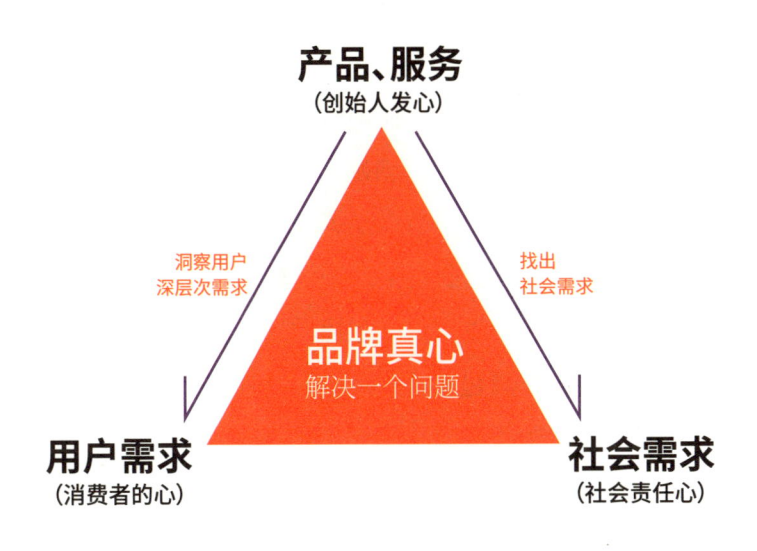

用户需求
（消费者的心）

社会需求
（社会责任心）

图6-2　因果品牌找出真心法则

创始人有什么样的发心？社会需要品牌解决的问题在哪里？消费者深层次的需求是什么？创始人和消费者之间能否做到心心相印，这就决定了品牌能否打动消费者，能否俘获消费者的心。

如果以上三颗心可以合而为一，就说明你已经找到了品牌的真心，也就是品牌的核心价值，用一句话描述品牌能解决什么问题，真心解决一个问题，这就是品牌存在的意义。有一些新能源汽车企业的真心是拯救地球，创始人发心要通过生产环保型汽车，改善地球的环境。消费者购买新能源车的时候，不仅仅为了汽车本身，还可以通过品牌获得为地球环保做出贡献的精神需求和荣誉，这也是很好的购买理由。这个品牌存在的意义就是解决社会环境问题，让地球更美好。这就是品牌成立之初的真心，这个发心解决了创始人、消费者和社会的问题，而且达到了三心合而为一，所以品牌的经营都是围绕这颗真心进行的。比如他们把自己研发生产的汽车零部件售卖给其他汽车厂，呼吁更多的汽车生产商一起拯救地球。真心解决一个问题，让一些品牌快速崛起并且一跃成为与奔驰、宝马齐名的全球高端新能源汽车品牌。

评判品牌真心的原则——利他无我。但凡发心是为自己的，那都不属于真心，利他之心才是真心。

没有人会关心一个只为自己牟利的品牌，就好比你说我要挣好多钱，然后买房买车，你把这个愿望告诉别人，没人会因此帮助你。如果你的发心没有帮助消费者解决问题，你在消费者那里毫无价值；如果你的发心没有社会责任感，你在社会上就没有存在的意义，更不用说能成功了。企业所有的经营就是为了解决社会问题，整个经营过程不断利他，品牌自然有价值，有价值自然会获得利润回报。价值是通过帮助别人而体现的，这个世界是平衡的，价值的获取需要通过交换而来，付出才有回报，这是自然法则。如果没有付出就得到回报，那就破坏了平衡法则，就会以另一种方式让你失去一些东西。一个企业通过利他利己的方式获取的财富才是健康的，如果通过损人利己的方式获取财富，一定长久不了。

利他是利己最有效的方法，当你发愿把企业做好是为利益大众时，天下人就会为你的企业加持，你的事情就是天下人的事情；相反，如果你努力追求企业兴旺发达，只是为了自己过得更好，挣更多钱，那么没有人会支持你，甚至会有人希望你的企业经营不好。把你的事业变成天下人的事情，才是经营的智慧，而最好的办法就是放下自我，心怀天下，利益众生。

首先需要找到品牌的真心，才能俘获消费者的心，从而让品牌走得更远。

◎方法二：给出承诺

品牌承担的社会责任越大，价值就越大；反之，如果没有承担任何责任，品牌就没有任何价值。这就是品牌的立场，企业可以很小，但是立场一定要足够大，品牌才能足够伟大。

一个有价值的品牌，一个伟大的品牌，必须能让客户感动，购买它的产品时必须让客户感觉骄傲和自豪，购买它的产品后感觉自己比原来过得更好，就算是一种心理的安慰，也能让消费者感觉这个品牌和自己有一样的立场。品牌能够帮助消费者表达立场，甚至改变消费者的立场，品牌就应该引领消费者的生活。要达到这样的效果，品牌必须提出明确的使命，或者说是给出明确的品牌承诺，你的承诺就代表了某种立场。

在消费者更注重精神需求的时代，品牌真心找到之后，为了让世人看到品牌的真心，品牌此时就需要提出一个为之奋斗终生的承诺（使命）。告诉所有人品牌存在的意义，表明品牌的立场。这个承诺表明了品牌能给消费者带来什么价值，也是品牌存在的价值，更是消费者购买产品时愿意付出更多钱购买的那部分价值，我们称之为产品附价值或品牌价值。

品牌的承诺决定了有多少人支持品牌，决定了品牌价值的高低，更决定了品牌能走多远。就好比阿里巴巴承诺"让天下没有难做的生意"，格力致力于"让世界爱上中国造"，以及汤姆斯的"买一送一"等，都是因为有一个明确且坚定的承诺，才让品牌成为世界瞩目的成功品牌。

品牌的承诺，必须是由真心而来，而不是随口编造。因为一旦形成品牌的承诺，品牌的所有经营都是为了兑现这个承诺而努力。品牌承诺就是企业决定要承担某种责任时说出来的一句话。比如，有些新能源汽车企业为了解决全球环境问题，研发生产销售新能源汽车，他们希望承担改善环境的责任，所以提出自己的承诺——"拯救地球"。他们经营新能源汽车事业就是拯救地球的解决方案，就是兑现承诺的方法。这样人们更愿意相信他们的新能源事业是为了全人类而做，所以他们成功地将自己的事业变成了天下人的事业。人们更愿意支持和购买他的产品，因为他的产品更有意义，这一切都是他给出的承诺决定的。

品牌给出承诺的五大法则：

第一，小企业，大立场。

不管你的企业多小，都要将品牌放在最大的立场上，找到社会需要你的理由，而不是企业自身的发展。

第二，承担责任。

有了你的品牌后社会变得更好，而不是更麻烦。

第三，利他无我。

品牌能为他人解决问题，而不是首先让自己获得什么。

第四，高于消费者的价值需求。

消费者想让品牌引领自己，而不是拉低他们的价值。

因果品牌的承诺需要利益大众，遵从品牌真心，才能真正打动消费者，引领消费者，给消费者想要的价值。

◎方法三：设定身份

清晰的品牌身份，更容易获得消费者的信任感，身份越清晰，营销成本越低；反之，身份越模糊，解释成本会越高。

每个人都有身份证，但是不一定有身份，身份证就相当于品牌名称和经营范围，但是如果没有清晰的差异化定位，就没有身份。如果你要治病救人，需要有医生的身份，病人才会相信你，从而让你帮他治病；如果你要教书育人，需要有老师的身份，才会有更多人相信你，你才有机会培养更多的学生。有身份比没有身份的人更容易获得信任。假设你想给人治病，但是你没有身份，或者你的身份是个厨师，我相信没有人敢让你治病，即使你的医术很高明。一个品牌也是一样的，如果你的产品很好，你的服务很好，你的发心很好，但是没人愿意买你的产品，原因就是你的身份与你提供的产品或服务不匹配，这难免会让人对你的产品质量产生质疑。此时，你的解释成本就会大大提高，最后还不一定有效，这也是为什么很多人花钱做广告却没有效果的原因。在做广告前，最好能有清晰的身份，让消费者识别你、相信你、记住你。

当你找到品牌的最高使命时，接下来就要设定一个身份来执行你的使命，兑现你的承诺，给消费者一个可信赖的身份，让消费者感受到品牌的人格魅力。一个品牌的身份包括：品牌身份定位、品牌名称、品牌价值观、差异化卖点等，需要注意的是，品牌身份的定位一定是由品牌的真心决定的。

品牌身份定位。

定位的目的就是为了构建不同的价值点，让这个价值点在消费者心智中形成独一无二的认知。

定位有两种方向：一个是基于产品的定位，二个是基于人的定位。品牌要占位品类第一，这就是基于产品的定位。而基于认知的定位，则是从用户的深层次需求出发，占位消费者的隐性需求，成为消费者心中的第一。

品牌命名。

品牌命名要从品牌的使命和定位出发，取一个自带流量的名字，可以节省大量的营销成本，从名字上就能联想到品牌的行业属性和文化定位。在这里要告诫很多企业，不要先取好名字，再去构建品牌核心价值系统，这样很容易让名字和品牌价值格格不入，也会导致名字不但不能传递品牌价值，反而增加了大量解释成本，最后还不一定能被消费者完整感知。所以，品牌命名要在构建品牌核心价值系统之后进行，或者同时进行，就可以降低和消费者的沟通成本，让品牌快速崛起。

品牌价值观。

如果客户看不到价值，就只能和你谈价格；价格由价值决定，而价值由价值观决定，所以品牌价值观决定了消费者对品牌价值的认知。

大家可能会发现一个现象，不管我们的产品成本是多少，消费者始终觉得你卖的价格贵，依然会和你讨价还价。但是为什么很多成功的品牌没有这样的现象呢？大部分人购买一个品牌，是因为这个品牌能表达自己的观点，而不是因为这个产品的功能。所以，品牌价值观定位时，一定要表达目标消费人群的价值观，而不是表达老板的价值观。只有这样，消费者才愿意购买品牌为自己代言，而产品只是载体。消费者为了获得品牌的价值，才会选择购买该品牌的产品，而不是为了产品本身，所以就不会在产品价格上和你讨价还价。这就说明了，为什么有些产品成本很低，但是贴上某个品牌的商标后，价格竟然可以翻几倍甚至几十倍。

品牌设身份的五个法则：

第一，明确你是谁。

用一句话清晰说出品牌差异化身份。

第二，品牌命名。

好的品牌名字，可以节省大量的营销成本。

第三，表明你的价值观。

价值观决定价值，让价格更有优势。

第四，说出你的梦想。

你要成为什么样的品牌，给用户带来期待感和归属感。

第五，给消费者想要你的理由。

打造独特的买点，给消费者想买的，而不是老板想卖的。

品牌的身份设定能让更多人信任品牌、分享品牌、想拥有品牌，也是最低成本的营销方式。有清晰身份的品牌，更容易被消费者信任和尊重。

◎方法四：开设入口

品牌IP是消费者识别和记住你的入口，也可以说是品牌的专属资产，Logo、产品、广告语、颜色、声音、味道、动作、包装设计等，都可以成为品牌IP，就连创始人都可以成为品牌IP。但是，不是所有入口都能成为IP，只有消费者看到这个入口想起你的品牌，看到入口就想购买你的产品时，这个入口才能称之为你的IP。

经过前面的找出真心、给出承诺、设定身份，三个方法构建出了品牌的核心价值，接下来就要开设独特的品牌入口，构建专属的品牌资产。为了培养更精准的品牌IP，我们要尽可能地开设更多的入口，才能让消费者有机会接触到你、认识你、记住你、购买你、分享你。最终消费者会记住其中一个或者几个入口，被记住的入口就成了你的品牌IP。所以，品牌IP不是企业说了算，而是由消费者认知决定的。消费者听到你的声音就想起你的品牌，说明这个声音就是品牌的IP，比如所有品牌的手机都有自己专属的开机声音，用户通过铃声就知道是什么牌子的手机，那么这个声音就是这个品牌的IP。反之，如果所有人听了这个铃声，想不起是什么品牌，那么这个声音只是品牌的入口，还不能称之为IP，因为它还没能给品牌带来价值，不能成为品牌资产。看到一个钩就想起耐克，看到金色拱门就想起麦当劳，看到被咬了一口的苹果就想起苹果手机，听到"噔，噔噔噔噔"就想起因特尔处理器。这些都是品牌与消费者的感官长时间接触后，形成的固有的识别记忆。

品牌入口开设方向：

视觉识别系统（真言）；

语言识别系统（真言）；

行为识别系统（真行）；

品牌创始人（代言人）。

视觉识别系统（真言）。

构建视觉识别系统，确保在不同时间和空间跟消费者接触时，保持一致的视觉印象，只有这样重复出现在消费者的世界里，才有可能被记住。视觉识别系统包括几个方面的设计：商标设计、标准色、标准使用规范、应用在各种媒介上的规范、终端卖场的空间设计、产品外观设计、产品包装设计、广告设计、视频拍摄等，这些都是离消费者最近的接触点，消费者在不同的媒介上，在不同的地方、不同的时间段，都可以看到同样一个品牌。所以，统一规范的视觉有助于加深印象，帮助消费者更快地记住品牌。

很多品牌随着时间的推移，营销成本不降反而越来越高，这就是因为企业经常更换形象，或者在不同的地方随意改变，导致消费者在路牌广告上看到品牌，又在手机上看品牌，竟然是完全不同的两个品牌，那么用户很快就会把品牌遗忘。这样的品牌需要不断加大宣传，才能勉强保持消费者对他的识别，一旦停止广告投入，没有人会记住它，因为品牌没有沉淀到消费者的心智中。当消费者再次看到这个品牌的Logo时没有想起这个品牌，说明这个品牌Logo没有形成品牌资产，Logo也不是品牌IP。品牌视觉系统是和消费者接触最频繁的入口，必须重视起来。

视觉系统里面的产品包装也是非常重要的，它也是非常重要的广告媒体，不仅要传达产品卖点，还要表达品牌个性，最终在消费者心智中形成固有认知，让消费者看到包装就想起你的品牌，所以包装本身就成为了品牌IP，比如王老吉的红罐，看到红罐就想起王老吉，因为包装已经成了品牌资产。

关于终端体验店的设计，我的观点一直是以品牌文化价值为出发点设计空间效果，而不是为了个性而个性，目的是为了让最终空间也形成品牌的IP，让消费者进入这个空间后即使没有看到Logo，也会想起是什么品牌的空间。

语言识别系统（真言）。

语言识别系统，包括广告语、营销文案等以文字形式出现的传播元素，都可以是品牌的入口，其中最典型、最常用的就是广告语。有些品牌的广告语深入人心，甚至变成了生活中的常用语，比如说到怕上火，所有人第一反应就是喝王老吉；困了累了，后面接的就是红牛或者东鹏。当你的广告语出现时，消费者能第一时间想起你的品牌，那么这个广告语就是品牌IP，包括江小白的很多经典文案，都变成了品牌的IP。

行为识别系统（真行）。

一个企业的员工行为，也可以形成品牌的入口，甚至变成品牌的IP。大家回想一下，当你看到有人说话的时候用手挠挠后脑勺，就会想起过去遇见的某个人，因为那个人经常做这个动作，你记得这个动作，当你一看到这个动作就会想起那个人；品牌也是一样的，当你的员工都是以一个统一的动作服务客户时，客户会记住这个动作，这个动作就是品牌入口。如果客户在别的地方看到这个动作，能第一时间想到你的品牌，那么这个动作就是这个品牌的IP。比如儒家文化的拱手礼，佛家文化的双手合十，这些动作流传千古，却可以通过一个动作识别出宗教和文化学派。如果儒家是一个品牌，佛家是一个品牌，那么这个动作就是品牌的IP入口。

品牌可以刻意为自己打造动作IP，在短视频直播时代，很多人在直播间或者拍段视频的时候，都会做一个差异化的动作，有的头上顶着萝卜，有的脖子上围着铁链，有的手里拿着刷子等，这些形形色色的动作，就是为了打造识别入口，让用户能够记住这些动作，之后再看到相关动作时就会第一时间想起品牌。所以，你可以为你的品牌开发一个动作，比如拍照的手势、接待客户的动作等，作为长期传播的动作。你也可以把过去已经存在的动作占位到自己的品牌上来，比如微信的发红包功能，不但成功占位发红包这个动作，还把发红包变成了一种生活习惯。一说到发红包，大家第一时间想到了微信，却没有想到过年，这就是非常成功地把动作变成了品牌IP。

品牌创始人。

当有人提到雷军的名字或者看到他本人时，你就会想起小米品牌；当你看到任正非时就会想起华为；说到马云就想起阿里巴巴。很显然，创始人已经成为品牌的一个超级入口，同时也变成品牌的超级IP，创始人不仅仅是品牌的代言人，同时也成为了品牌的IP（品牌资产）。所以，品牌IP不仅是我们认为的卡通IP，也可以是商标，也可以是包装盒、广告语，也可以是声音，甚至是创始人，都可以成为品牌IP。让创始人明星化，打造创始人IP，可以节省大量营销成本，让品牌人格化，比起请明星代言或网红代言更加牢靠。

品牌开设的每个入口一开始都是平等的，经过一段时间的沉淀之后，有一些入口的价值会越来越高。如果品牌的标准色不能让消费者想起你，也许一句广告语却能让消费者想起你，比如"怕上火"，让人瞬间想起王老吉，那么"怕上火"就是王老吉的IP。再比如红色可能让你想起很多品牌，但是在红色背景上加一只白色的机械狗，就会瞬间让你想起京东。这就说明不是所有的入口都可以成为品牌IP，只有让人接触入口时想起你的品牌，这个入口才能成为品牌IP。品牌经过一段时间的积累后，再评估哪个入口最有潜力，就重点培养这个入口，不要想着让什么入口都成为IP，把有限的精力和资金投入到真正有潜力的入口上，才是低成本打造品牌IP的正确方式。

品牌IP不是存在于企业手里，而是存在于消费者的认知里，所有的入口都是为了让消费者发现品牌、关注品牌、记住品牌、购买品牌、分享品牌，让消费者对品牌形成固定的识别记忆。

◎方法五：营造场景

营造场景就是打造传播、购买和使用的场景，根据目标用户的特点及需求，打造适合的销售场景、传播场景、使用产品的场景。

构建销售场景。

销售场景的选择由目标消费人群的习惯决定，比如线上、线下，或者线上和线下结合，不管是什么场景，千万不要盲目，否则只会浪费资源，增加成本。要细分人群，销售场景必须要以用户便利为原则，只有这样才能让消费者快速选择你的品牌。也就是说，你的目标人群在哪里，你的场景就布在哪里。

构建传播场景。

当前,产品同质化严重,营销手段同质化也很严重,甚至传播形式都已经同质化,所以要想让你的目标消费人群看到你,唯一的办法就是抓住他们的注意力。传播的时候不一定什么媒体都上,而是要根据你的目标用户的注意力在哪里,就在哪里传播。如果你的用户注意力在微信上,那么就在微信平台做营销,如果在抖音,你就用抖音。只有这样你才能用最低的成本,用最快的速度让你的精准用户看到你,购买你的产品。

让卖点场景化。

如果你的产品很好,卖点也不错,依然卖不动,而且复购率非常低,大概率是因为你只告诉了消费者购买的理由,却没有告诉消费者使用产品的场景。消费者不知道什么时候使用你的产品,可能就会忘记使用你的产品,慢慢地就把你忘记了。

我们必须把卖点场景化，时时刻刻提醒用户使用产品的最佳场景，让消费者习惯使用你的产品，将你的品牌变成生活方式。这样不仅可以提升销量，复购率也会大大提升。你在宣传产品时是否把卖点场景化了呢？如果没有，那就要好好推敲你的广告语了。

比如"困了累了喝红牛"，不但把消费者的痛点表达出来了，还把产品使用场景表达到位了。用户是否知道什么时候用你的产品，决定了你的产品是否被用户需要。不要脱离场景讲卖点，否则消费者感受不到卖点的价值。

◎方法六：讲述故事

营销的本质是传播，目的就是打动消费者，改变消费者对品牌的认知。传播通常会有理性传播和感性传播两种类型。理性传播通常是为了证明产品的质量和品质比竞争对手好，而感性传播是为了让消费者喜欢上品牌，改变消费者对品牌的看法，从而购买产品。

产品的营销通常是理性的，企业为了证明自己的产品更好，会摆出各种证据，解释产品的各种生产技术和优势，以得到消费者的信赖。

品牌营销更偏向感性，品牌通过讲故事的方式，让消费者与品牌产生共鸣，让消费者喜欢上品牌。

你跟我讲事实，我可能会听，但是不一定会记住。不过，你给我讲一个故事，我会记住一辈子。话说得有点夸张，但这是事实，人们都喜欢听故事，而不是事实，所以说最好的营销手段就是讲故事。

品牌讲故事的三大原则：

第一，彰显品牌价值观。

故事的内容可能多种多样，但是一定要围绕品牌的价值主张，让消费者获得情感共鸣并认可品牌的价值。

第二，讲述创始人的故事。

创始人作为代言人，可以为企业节省大量的营销成本，通过创始人的故事表达创始人对品牌的热情和使命，让消费者更加相信并支持品牌。

第三，用户参与其中。

让用户与品牌发生故事，增强用户的参与感。

◎方法七：创新仪式

创造接触和使用产品的独特体验，我称这些体验为"触发点"。成功的品牌都有自己的"触发点"，这些"触发点"都是为了刺激用户的感官，让用户感到深层次的享受和刺激感。比如哈雷泰维森摩托车的油门声如此响亮，而特斯拉的电动汽车安静无比，雷克萨斯豪华轿车关车门时毫不费力却发出带有满足感的"砰"的声音，巴黎之花要让香品起很多气泡。奥利奥饼干扭一扭、舔一舔、泡一泡这个充满仪式感的吃饼干的方式，成了奥利奥创新的仪式，消费者会因为这个仪式而喜欢上这个品牌，也因为这个仪式记住了这个品牌，这个仪式甚至成为品牌的IP入口。

触发点的开发通常在视觉、听觉、嗅觉、味觉、触觉这五感上寻找。根据不同的产品特点结合品牌的理念，构建出专属于品牌的触发点，这些触发点让品牌有了仪式感。

让创新的仪式，成为品牌营销的突破口。

◎方法八：疯狂传播

让品牌无处不在，自动裂变。要充分开发利用好自媒体，设定裂变模式，当然有条件的也可以疯狂做广告。

如果只是花钱做广告，谁都会，我希望企业以最低成本实现让品牌无处不在的效果，那就是"私域+裂变"，但必须遵循一个法则——利他。

先说品牌私域。

什么是私域，简单来讲就是属于你自己所有并且可以重复使用的用户流量。为什么会出现私域呢？举个例子，有一个村子坐落在环境优美的地方，那里山清水秀，全村人的饮用水都是村前流淌的山泉水，是免费的，而且取之不尽，用之不绝。随着经济的发展，对村里资源的开发越来越多，这里的环境变得大不如前，泉水变得越来越少。村里的饮水开始供不应求，大家为了抢水甚至反目成仇，即使这样，水依然还是紧缺。村里有个村民叫老李，他开始在自家门前打井，实现自给自足，从此再也不用去和别人抢水了。后来他的邻居想在他的井里取水，因为是邻居，所以他就允许了，反正他也用不完。但是越来越多的人知道了这个事，也纷纷来取水，井里的水慢慢就不够用了。这时候老李决定不能免费让大家取水，需要收费，有按桶收费的，也有按月收费的，还有按年收费的。但是，一口井不够全村人的用水量，老李因为有了打井的经验，在村里的几处地方又多打了几口井，使得全村人都是他的用户。因为老李打井不是自己使用，还有收益，打井成本非常低，相反如果每家每户都自己打井成本就很高，所以大家都愿意在老李这里交钱用水。这个故事里面就蕴含着私域流量的逻辑。因为公共流量变少了（天然山泉水越来越少），就出现了私有流量（自己打井），私有流量必须是私有化的（井是自己打的，当然是自己说了算）。

在互联网时代，水井可以是微信平台，也可以是抖音平台，还可以是各种社群，不管在哪里，我们都要做好线上线下的联动，做好私域流量的闭环规划。私域流量可以重复变现，就像打一口井就可以一劳永逸，可以源源不断地变现，私域流量的打造成本相对公域流量来讲非常低。

所以，想要品牌快速渗透到目标消费人群里，私域流量池的打造必不可少，这也完全符合锐言因果品牌原理先服务一部分人的理念。私域就是先服务一部分人，也就是进入你的私域流量池的那些人。

私域流量池的四个逻辑：
一是流量私有化。
二是流量可重复变现。
三是流量开发成本低。
四是流量精准化。

再谈品牌裂变。

裂变最重要的手段就是利他的内容营销，也就是说，你发布的内容要对他人有价值。不管是文案，还是视频，都必须体现利他思维，才有可能让人分享你的内容，才能达到裂变的效果。当你没有大量资金做大量广告时，就可以在你的私域流量池里进行裂变，这就好比多打几口井一样，你跳出村子去打井就没人消费你的产品了。所以，品牌低成本快速起步的方式就是利用好裂变的手段。

内容实现裂变的基本条件：

一是帮助受众解决问题；
二是帮助受众教育别人；
三是帮助受众表达自己；
四是帮助受众划分圈层。

用好品牌的"私域+裂变"，可以用最低成本让你的品牌在目标用户的生活中无处不在。这里只讲低成本运营方式，至于烧钱做广告的方法，相信很多书籍都讲过。

得人心者得天下，只要品牌能摄人心，就会得到源源不断的传播。如何摄人心？摄就是吸引，是一种吸引目标消费者群体的力量，让消费者更加信任品牌。摄人心的品牌有几个特点：为用户创造价值、帮助用户表达自己、引领用户生活、与用户产生共鸣。

用真心怎么做都是对的，用妄心怎么做都是错的。

——梁宏宁

本來無一物

第柒境

开智慧
打造品牌的终极思维

  利他是商业的不二法门。如若不利他,只为利己,即使你用遍无数种方法,也不可能成功,即使暂时获得成功,自然会有百种收割你的方式;如若利益大众,一切人、事、物皆为你所用,企业必将兴旺发达,长久不衰。

任何时候醒来都不迟，任何时候开始做品牌都不算晚，迟做总比不做要好。既然有缘了悟品牌，此刻即是起点，遵从本心，开启用品牌利益大众之路吧。有很多人学习了很多知识，反而形成了枷锁，因为这些知识让他不敢前行，这些知识让他更加迷茫，本来很简单的事情，因为知识越多，想得越多，最后蒙蔽了自己本来就有的智慧。所以，我才想通过这本书说透品牌因果，唤醒商业智慧，而不是交给你一堆知识。静下心来，找回自己的真心，你就找到了前行的动力和方向。

◎智者问因，愚者求果

智者以终为始，愚者以始为终。

每年市场都在变化，很多企业就会升起烦恼，不知道当下该如何经营品牌，做什么才能适应今年的流行趋势。他们不断应付着外界变化带来的问题，从来不思考什么是不变的。

日常生活中你会发现，有很多人认为别人的成功是因为有这有那，而自己什么都没有，所以不成功。看到别人开好车，就说因为别人有钱，看到别人争取到好机会就说运气好，自己什么都没有，所以不成功是理所应当的。这就是典型的以始为终的思维，根据现有的能力和条件来制订目标，只愿意做能力范围之内的事情。目标从来就是很容易达成的，很多人习惯性地以始为终，用眼前判断未来。

有智慧的人，习惯站在终点看起点，为了目标不断创造条件，为了目标不断努力改变自己、提升自己，让自己一步步靠近目标，而不是只做自己能力范围内的事，这就是以终为始。

品牌打造就当以终为始，将来品牌要成为什么样的品牌，现在就要按照成功品牌的思维和行为去经营，因果品牌原理强调的是，因决定果，想要什么样的果，现在就应该种什么样的因，而不是现在种西瓜种子，却想着收获豆子。品牌种子就是品牌成功的样子，能让品牌种子开花结果的，就是当下的经营。如果你想成为受人尊重的品牌，现在就应该种下受人尊重的种子，按照受人尊重的言行方式培育品牌，你的品牌遇到每一个人，就会受人尊重，你经营得越久，就会有越来越多的人尊重品牌。

有智慧的人总是关心因好不好，打造品牌时关心"因位"上的品牌是否正确，而不是追求"果位"上的品牌，因为他很明白，只要因对了，当下的任何付出才是有效的，果自然就会成熟。

缺乏智慧的人，总是急功近利，习惯于想得多、做得少。他们关心结果比关心种子更多，想快速得到，却不去播种。做品牌的时候总是盯着结果看，看到别人成功了，心里就想着要和别人一样。于是不断地模仿、照搬别人的方法，最终还是达不到他想要的结果，因为他忽略了一个最重要的东西，那就是种子是否正确。

智者问因不问果，愚者求果不问因。

◎方法不空生，真心要应物

法本无对错好坏，应以问题生法，不要用学会的法对应所有问题，更不要看到别人的果好，就觉得别人用的方法好而去模仿，应该根据自身的问题，生出相应的法。

世间一切法都是借来一用，不应该执着占有，任何方法只有遇到问题的时候才会升起，而不是拿着方法到处找问题，方法是拿来解决问题的，不是拿来占有的。假如在你面前有一条河，你要到河对岸去，有几种方法可以选：如果河水不深，我们就直接蹚过去就好了；如果河水很深，我们就需要坐船过河，当然如果你会游泳也可以游过去。法就是我们渡河的船，或者游泳的技能，当我们不需要渡河的时候，就没有必要时时刻刻背着船，只有遇到渡河这个问题时，我们才借船一用。同时，我们到达河对岸之后，就应该把船放下，而不是背着走。只有问题出现，方法才有用，只有需要渡河，船才有用，不需要渡河的时候，就没必要背着船走，这就是法不空生。所以，我们学习不是单纯为了获得更多知识（就像船一样），而是为了获得解决问题的能力。很多企业在实际运营过程中，通常会拿各种各样的经营方法、管理方法、经营模式、营销方法等，套到自己的企业里，最后就因为方法越多，企业死得越快。没有根据企业自身的问题，使用相应的方法，而是盲目地套用自己学会的所有方法，就是不懂得法不空生的规律。

很多企业学习掌握了太多方法，执着于各种经营方法，反而失去了对问题的判断力，自然很难发现问题。只有放下对方法的依赖，才能升起发现问题的智慧，才能高效地解决问题。

很多企业的法执比较严重，企业高管去学习各种管理课程、营销课程之后，就把学到的东西原封不动地用在自己的企业里，结果不但没有解决问题，反而给企业带回来更多的问题。这就好比上文所说，没有河的时候却背着船（方法）走路，就是觉得这艘船（方法）非常有用。在课堂上学的知识方法就好比这艘船，虽然船很好，但没有河可渡要它何用？所以，学到好的方法千万不要执着，要懂得放下，回到自己的企业看看有什么问题，有问题再用适合的方法，而不是学来很多方法，却找不到问题可解决，方法本身就成了负担，就变成了新的问题，这就解释了为什么有些企业学得越多，问题越多。

一个人没有找到真心，他就很难制心一处，很容易被外界干扰，就会感到焦虑，无病乱投医，学法无数，却无一可用。真心对品牌的重要性，就犹如黑暗中的一盏明灯，在纷繁复杂的商海之中，真心能指引品牌到达彼岸。

很多企业的品牌战略三天两头在改变，决策朝令夕改，产品结构换了又换，品牌定位含糊不清。这些问题看似是战略的问题，实则是真心的问题。心生万法，万法归心，心指的是真心，万法即一切经营手段，包括战略制定、营销策划、产品规划、视觉设计、媒体投放等。但要记住，真心不见法不生。

在企业的立场上，品牌的最高使命决定一切经营活动，反过来一切经营活动就是用来实现使命的手段。脱离方法不空生的原理，有些企业才会出现品牌战略三天两头在改变，决策朝令夕改，产品结构换了又换，品牌定位含糊不清等现象，花费很多人力物力做了很多无用功，却让品牌越走越偏离正道。因为真心不确定，所以没有评判标准，只能不断尝试碰运气，今天用这个方法，明天换一个方法，这样的经营是很危险的。锐言因果品牌原理讲的真心就是品牌坚定不移的使命，真心不定，则方向不定，言行之法就无效，这就是大多数品牌失败的原因。

我们需要学会用真心应万物，学会方法不空生，在品牌运作过程中，遵从锐言因果品牌原理，可以少做很多无用功，少走弯路，让品牌快速崛起。

你与成功品牌之间的差距，从来不是行为上有差异，而是认知上的不同。

——梁宏宁

◎心怀善念，锐者言心

坚守真心才能获得人心。

锐者真言随心起，有智慧的人言行都是由心而起的，聪明的人善于用脑，用脑总会有漏洞，且不究竟，而用心方向就不会有错。我们的品牌经营，对于该做什么不该做什么，如果用脑去想，就很难决策，甚至会出错。但是只要遵从真心，就能判断当下所作所为是对是错。真心是因，经营是缘，摄人心是果，能摄人心的只有真心。真心解决的是品牌价值的问题，真言解决的是沟通的问题，真行解决的是信任问题。

真正成功的品牌都是利社会、利消费者、利员工的；一心向善，品牌向善，营销向善，一切经营活动向善。

◎借势而行，因果相随

虽然我们一直在讲如何获得人心，但是大家要记住，决定品牌生死的还是产品，品牌只是把好产品卖出去的路径，所以做品牌的前提一定是有好产品，否则就本末倒置了。

虽然在消费者的世界里认知大于真相，但是决定品牌生死的却是真相，这个真相就是企业必须有利益消费者的好产品，提供真正帮助消费者解决问题的产品，这就是借假修真讲的"真"；所有的营销手段、营销方法都是借来一用的工具，而不是最终目的，所以称之为假相，它们都是临时的，随时可以消失。千万不要为了营销而营销，如果这样就变成了借假修假，不管多么努力去获取流量，都是无法成就品牌的。

所以，品牌的命脉永远是产品，而不是各种营销手段。产品是根，品牌是法，只有真心把产品做好，利益大众，品牌之万法才真正有用。

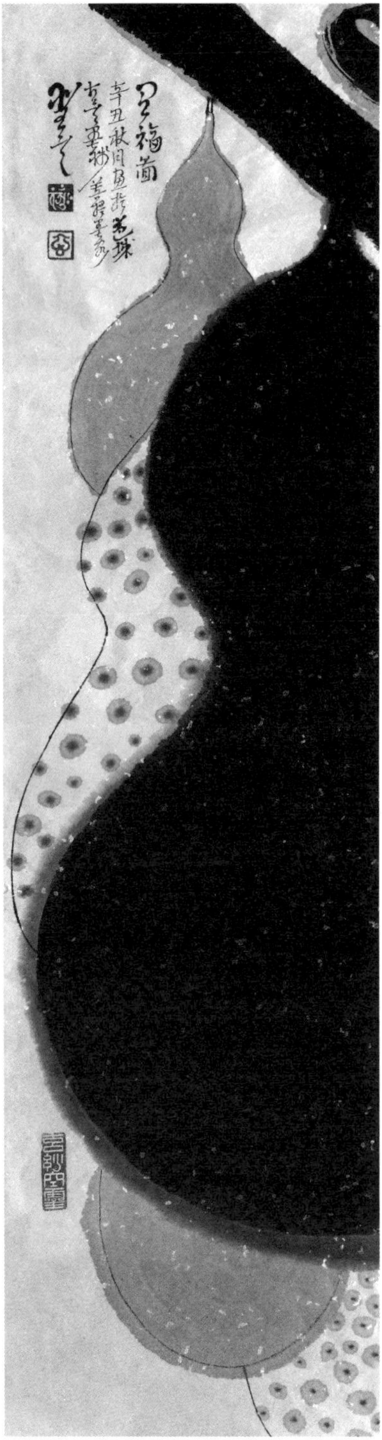
多福图
辛丑秋月画于

第捌境

讲 实例
品牌从 0 到 1 的蜕变过程

　　通过前面对因果品牌原理的学习了解，我相信你对品牌有了完全不一样的认知，那么如何把原理用在自己的企业中呢？接下来我想通过对初创企业和中小企业的品牌案例拆解，加深你对因果品牌原理的理解，让我们能够把自己的品牌打造成真正的因果品牌。品牌不可能做着做着就自己形成了，只有"因位"上的品牌可以变成"果位"上的品牌。各行各业的品牌打造都符合因果品牌原理，下面我们一起去看看品牌如何快速实现从0到1的蜕变。

◎讲实例一：
农业品牌／南珠妹红薯产业品牌全案

南珠妹做的不仅是红薯种植，更是助农增收、守护国人健康的事业。

南珠妹是专注红薯产业的农业品牌，在广西乃至全国都有很大的影响力，但是南珠妹在品牌建设方面和大部分农业企业一样，有实力但不系统。在中国农业品牌化过程中，很多农业企业认为只要规模做大就是品牌，甚至错误地认为注册了商标就有品牌了。实际上只是有牌子，但是这个牌子没有价值，也很难带动产品销售。南珠妹早就注册了商标，但是看上去并不像个品牌，所以南珠妹创始人詹美燕到处学习，努力寻求品牌构建方法。我和詹总第一次见面时，只交谈了五分钟她就非常认可我的理念。当时我只说了几句话就打动了她，这是她亲口说的。记得当时刚见面，我就说了几句话——"认知大于真相""小企业要有大立场""企业可以很小，但是影响力可以很大"，我想看看她的反应，也算是测试一下她对品牌的认知。然而就是因为这几句话，她决定把南珠妹品牌全权交给我策划设计。她告诉我，做企业这么多年来，全国各地去学习，回来之后一直想把南珠妹品牌好好打造，但是身边没人能理

解我的想法，所以非常难落地。听完我说的这几句话，就彻底相信我了，因为我完全理解她。但是，决定南珠妹品牌定位的是詹总一直说的一句话："我这辈子就只专注做红薯这一件事情。"这就是一个品牌真正成功的基因。

品牌诊断：产业规模大，行业内影响力大，但是市场价值认知度低，品牌价值感低。

锐言为南珠妹构建品牌价值系统：
品牌定位——健康的红薯。
使命定位——助农民增收，守国人健康。
品牌口号定位——红薯守健康，南珠妹当先。
品牌价值观定位——只有农民生活更美好，才能种出更优质的农产品，才能让国人的健康更有保障。

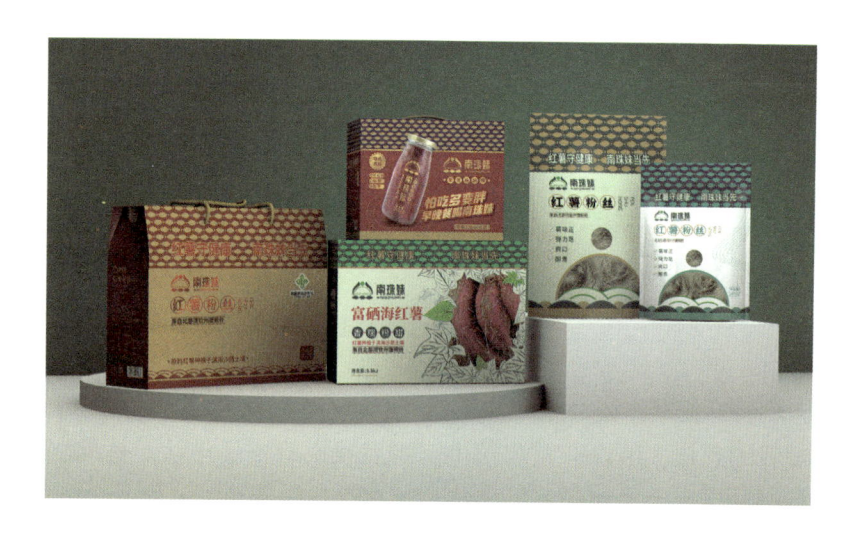

我经常讲，当一个品牌的使命足够伟大时，这个品牌就注定会变成伟大的品牌。"助农民增收，守国人健康"，这就是南珠妹品牌存在的意义，也就是"因位"上的品牌。因为心怀天下，我将无我，把自己的事情瞬间变成天下人的事情。好的种子注定了南珠妹必将成为中国红薯产业的领军品牌。消费者更愿意相信和支持这样的品牌，购买南珠妹的产品就意味着助农民增收，守国人健康。这样有爱有温度的品牌，让用户不仅能享受到健康的产品，更能彰显消费者助农爱农的责任心。这就是品牌为消费者创造的价值，这份价值不仅是产品的价值，更是品牌价值。完善的品牌价值系统为南珠妹走向全国奠定了扎实的基础。

客户评价

　　我深耕农业很多年，而且专注红薯产业发展，但是我发现我们的产品这么好，为什么走不出去？走出去了为什么价值感不高？遇到梁总那天我找到了答案。第一次见面我就彻底相信了他，因为他只用几句话就打动了我，让我看到了希望。后来梁总帮我构建了南珠妹品牌的价值系统和视觉系统，他的方案瞬间让我更加明确了南珠妹的意义和担当，让我更加坚信"用红薯守健康"是非常正确的方向。当我看到这个方案的时候特别激动，因为他提出的南珠妹"助农民增收，守国人健康"的使命，真是把我做农业的心声都说出来了，我相信在这样的使命指引下，南珠妹一定会变得越来越强大，越来越伟大。可以说，我遇见梁总是我的福气，梁总的"因果品牌"理念不仅让南珠妹品牌看到了未来，也让更多农业品牌和新农人看到了希望，再次感恩梁总对我这个新农人的付出和支持。

——**南珠妹品牌创始人 / 詹美燕**

◎讲实例二：
母婴护理品牌／保善佳品牌全案

保善佳提供的是月嫂服务，更是幸福家的生活。

没有人会相信一个还没有正式投入运营的品牌，就有很多月子中心要与之达成战略合作；更没有人相信，办公室还在装修的时候，就有很多月嫂报名培训，而且他们只能在装修现场培训，每天换房间，装修到这间，就换到另一间培训，就这样开启了创业之路，这就是保善佳高端母婴护理品牌。我记得很清楚，保善佳创始人朱峻锋来找我的时候，连品牌名字都还没有。后来朱总告诉我，之所以在什么都没有的情况下，就让我来规划品牌，是因为他看完锐言因果品牌课程之后，被锐言因果品牌原理深深吸引，"品牌先行"是他最大的感悟。他说过去有很多次创业经历，之所以走了很多弯路，就是因为没有打造品牌，今天创业必须"品牌先行"。朱总说，当前国内的母婴护理行业几乎没有品牌化，我要做全国第一个专注母婴护理的高端品牌，引领行业，规范行业服务标准。

根据锐言因果品牌原理，如果想让你的品牌有价值，前提

是你首先是一个有价值的品牌。看起来像个品牌，你才有可能成为品牌。创始人有一个非常好的发心：希望更多的家庭和谐幸福，母婴护理人才（月嫂）对家庭和社会的和谐有着举足轻重的作用，企业必须承担社会责任，才能长久。品牌承担的责任越大，品牌价值就越大。

锐言为保善佳构建品牌价值系统：
使命定位——为亿万家庭守护幸福。
价值观定位——家庭越幸福，孩子越优秀。
身份定位——幸福家的守护者。
营销口号定位——保善佳的月嫂，幸福家的选择。

保善佳的出现让月嫂服务有了品牌，更有了价值和意义。保善佳的月嫂不仅仅提供母婴护理服务，更是幸福家的保障。保善佳有了使命，一切经营策略就变得非常清晰，所有的动作都是以家庭幸福为目标。让月嫂的家庭幸福，让雇主的家庭幸福，让员工的家庭幸福，让所有和保善佳有关的人家庭幸福，让保善佳等于幸福家，这就是保善佳的品牌价值。保善佳必能引领月嫂行业，规范月嫂行业，提高月嫂行业的服务标准。

经过品牌价值系统塑造，让保善佳品牌更有价值，让所有和保善佳合作的人都感受到这份价值，保善佳的付出足以让所有合作伙伴感受到创始人的真心，从而更加放心地与保善佳品牌合作。通过价值定位，保善佳成功地占位了当地月嫂行业的领导地位，成为幸福家的代名词。完善的品牌价值体系无疑是保善佳品牌快速崛起的加速器，更多的人想要和保善佳合作，和保善佳一起守护亿万家庭的幸福。

客户评价

感谢梁老师，能认识梁老师是我人生中最大的荣幸，在对的时间遇到对的人。我之前一直创业，但是一直找不到好的定位，这次在子博兄的推荐下，我们保善佳两位创始人在没有公司、没有场地、没有名字的情况下，因为相信，因为认同因果品牌原理，所以让梁老师帮我们策划和规划公司名字等品牌系统。试运营两个月下来，我们确实体会到品牌先行的优势，我们企业带头践行真心、真言、真行，希望更多中小企业主早点开悟，为社会解决问题，做一个有社会责任感的企业。

——保善佳创始人／朱峻锋

◎讲实例三：
蛋糕品牌 / 珈珈米苏品牌全案

珈珈米苏卖的是生日蛋糕，更是讲究的生活方式。

一个经营了20年的品牌，看起来和一个新品牌没有什么区别，虽然销量很好，但是没有价值感；虽然产品很好，但是没有人在意。这就是珈珈米苏最头疼的事情，在市场上很多企业都和珈珈米苏一样有这样的思维，觉得经营时间久了自己就是个品牌，其实没有任何价值。所以说，珈珈米苏是一家非常典型的企业，因为很多中小企业也犯了同样的错误，那就是只顾着埋头钻研产品，不注重品牌价值构建。珈珈米苏创始人李益升告诉我，他看完锐言因果品牌课程之后，幡然醒悟，虽然我们相识20年，但是真没想过要做品牌。我和李总开玩笑说："不管什么时候醒来都不迟，现在开始做品牌也来得及。"于是他真的醒了，把品牌交给了我。

珈珈米苏创始人在产品研发上花了20年时间，而且只做生日蛋糕这一件事，对蛋糕的品质非常讲究。但是，即使产品再好，再讲究，消费者也很难全面感知到，因为品牌和消费者不在同一个世界里，除非你能改变消费者的认知，把消费者拉到品牌的世界里，才能让品牌成为消费者想要的品牌。

锐言为珈珈米苏构建品牌价值体系：

品牌定位——讲究的蛋糕。

价值定位——生日要快乐，蛋糕要讲究。

广告语定位——生日蛋糕要讲究，选珈珈米苏。

生活态度定位——有时候生活可以将就，但是生日一定要讲究，生日蛋糕更要讲究。

珈珈米苏的目标消费人群以大学生为主，讲究的蛋糕定位重新定义了市场，让市场上只有两种蛋糕，一种是讲究的蛋糕，另一种是不讲究的蛋糕，珈珈米苏就是讲究的蛋糕。他们瞬间占位讲究的蛋糕，把讲究的人吸引过来。通过品牌营销把讲究植入生活的方方面面，让生活中的一切充满讲究，比如，交个朋友要讲究，谈个恋爱要讲究，过个生日要讲究，同学聚会要讲究，毕业典礼要讲究等。让讲究形成品牌独特的文化属

性，让讲究形成目标群体的流行文化，让珈珈米苏成为讲究的蛋糕的代名词。

这就是锐言因果品牌原理——你真心做好蛋糕这个真相，要变成消费者心里的事实，才会被消费者认可并把它当成购买你的理由。用真心、真言、真行，去改变消费者认知，原来的珈珈米苏是生日蛋糕，现在的珈珈米苏是讲究的生日蛋糕。所有对生日蛋糕讲究的人，潜意识里就会选珈珈米苏，因为珈珈米苏等于讲究的蛋糕。所以，差异化卖点有时候不一定在产品上，而是在消费者的认知里。精准的品牌价值系统构建加快了珈珈米苏发展连锁经营的步伐，品牌升级发布之后，还没进入正式招商就有很多人来咨询加盟了。这就是认知大于真相，品牌经营20年没人相信你有实力，当品牌做好清晰的定位和规范形象后，所有人都愿意相信你。所以，不要浪费时间去解释你的产品有多好，而是要解释消费者为什么购买你。

客户评价

我深耕蛋糕领域20年，却只有一家店，每当我想发展连锁经营的时候，都会遇到品牌不够系统的问题，品牌价值定位非常不清晰，所以这么多年一直没能扩张。后来跟梁宏宁谈到了注册商标的事情，他却跟我提出了做品牌战略规划的思路。他的想法深深地触动了我，于是我试着自己回去规划，但是广告语和定位始终找不到好的答案，甚至走入了误区。幸亏后来再次找梁总深入交谈，于是当场决定让他帮我全程规划品牌。梁宏宁老师效率就是高，不到一个月时间，就完成了品牌更名和升级的所有工作。

当我看到广告词——"生日蛋糕要讲究，选珈珈米苏"时，我心里突然打开了一扇窗。我的目标消费人群是大学生，珈珈米苏代表"讲究的蛋糕"，"讲究"可以成为大学生最大的流量入口，讲究的蛋糕送给最重要的人。我特别喜欢他提出来的做什么都要讲究，谈个恋爱要讲究、生日蛋糕要讲究、开学典礼要讲究、朋友聚会要讲究等，珈珈米苏要把"讲究"变成一种生活方式，占位"珈珈米苏=讲究的蛋糕"这个认知。后来我意识到，梁宏宁老师说的洞察消费者深层次需求的重要性，从他的"真心、真言、真行"六字真言理论里，让我领悟到了营销就应该法不空生，不能盲目。

感谢梁老师为珈珈米苏制定的品牌规划。

——珈珈米苏创始人／李益升

◎讲实例四：
粮油特产品牌 / 红耕谣品牌全案

红耕谣卖的是粮油产品，更是对家人好的真心。

江西红耕谣粮油品牌运营多年，生意非常不错，产品深受市场喜爱。红耕谣的创始人邱明深耕粮油及干杂类农副产品多年，他的阿里店铺经营得风生水起，因为产品好，复购率自然非常高。既然产品这么好，邱总为了利益更多人，于是决定在天猫上开店，让更多家庭享受到红耕谣的健康好产品。红耕谣很快就开通了天猫店，并且快速做了引流活动，结果流量来了，销量却很惨淡。这样的结果，让邱总百思不得其解，明明产品很好，价格也实惠，为什么没人买？于是邱总通过微信咨询我："到底问题出在哪里？"我说这是所有传统企业都容易陷入的误区，认为产品好，价格实惠，就一定能卖好。其实，产品好没错，价格便宜也没错，错就错在没给消费者一个购买的理由。当流量来到时，没有购买的理由，用户不会购买，没有销量是正常的。

经过诊断，我认为红耕谣形象一直不够规范，品牌理念不够清晰，定位模糊，品牌价值感明显不足。所以，我建议红耕谣必须做全面的品牌升级才有可能打破僵局。可以试想一下，陌生人看到红耕谣，如果不知道红耕谣的价值是什么、身份是什么，形象也不规范，当然不敢相信你的产品是好的。品牌的言行是否能改变消费者对你的认知，决定了消费者对你的价值判断，所以说品牌形象应该走在实力前面。

根据红耕谣的品牌背景和地域属性，锐言设计为红耕谣构建出远大的使命、清晰的身份和系统的视觉形象。

品牌使命定位——为中国家庭铺设健康之路。

品牌愿景定位——让每个家庭都用上红耕谣。

品牌身份定位——家庭健康生活领导者。

品牌口号——健康长征路，红耕谣先行。

产品广告语定位——真为家人好，就选红耕谣。

这句广告语表达出红耕谣为家人健康生活的真心付出，言

外之意是：买红耕谣可以表达自己真心为家人好。

经过品牌升级之后，红耕谣从一个粮油公司，摇身一变，成为健康家庭生活的领导品牌、为中国家庭铺设健康之路的民族品牌，不仅为消费者选择品牌提供了充分的理由，更让消费者因为选择红耕谣而感到骄傲。一句"真为家人好，就选红耕谣"，让购买者能够表达自己对家人健康的关爱，让消费者更加放心购买红耕谣的产品。通过持续不断地传播，在消费者心中红耕谣就真正成为家庭健康生活的领导品牌。系统规范的视觉形象，让消费者更加相信红耕谣是个正规的品牌。所以，改变消费者对品牌的认知，比解释产品多么好更重要。红耕谣遵循锐言因果品牌原理，其整体的解决方案不但解决了有流量没销量的难题，更让红耕谣成为可信赖的家庭健康生活领导品牌。品牌化经营后，销量大幅度上升，成为当地龙头企业，2021年还成为参加中华全国供销合作总社举办的"2021年脱贫地区农副产品产销对接会"的江西四家企业之一。事实证明，首先是一个完整的品牌，才有可能成为品牌。

客户评价

  我们的合作从一个很长的电话开始,虽然没见过面,但是梁总却能非常耐心地分析和回答我的困惑,增强了我对品牌打造的信心,所以我非常放心把红耕谣的整体策划设计全部交给他。梁总的视角总是和别人不同,很多企业都在不断描述自己的产品好这个事实,但是每次梁总都会告诉我,试着从用户角度出发,问题就迎刃而解了。所以,梁总提出"认知大于真相",这一点真的可以指引我们去做正确的营销,而不是盲目自嗨。这一点我是非常认同的,因果品牌的底层逻辑让我的品牌快速增值,让销售变得更加容易,这一点梁总确实独树一帜。

——红耕谣品牌创始人 / 邱明

◎讲实例五：
饮用水品牌 / 善随行品牌全案

善随行卖的不仅仅是水，更是行善的生活方式。

一组数据改变一个人，一瓶水改变世界。

善随行品牌创始人林英花，大家都叫她"水妈妈"。水妈妈自幼与水结缘，深知好水对健康至关重要，她曾看到一则国际媒体播报："据联合国有关机构调查数据，目前全球至少约10亿人饮水困难，并且每天有5000名儿童因缺乏洁净安全的饮用水而死亡，平均每小时至少有400名儿童死于水污染相关的疾病。"面对这些数据，水妈妈寝食不安，立志要让世界上因为饮水问题而生病的孩子越来越少。她说巴马的水很好，希望用水做善事，帮助更多需要帮助的人，而且在过去几十年，她已经用巴马好水帮助了无数的人。大家觉得她像妈妈一样无私地帮助自己，所以都称她为"水妈妈"，这就是"水妈妈"名号的由来。

水妈妈希望锐言帮忙策划一个能够将她的真心传递出来

的品牌，让品牌影响更多的人，帮助更多的人。根据锐言因果品牌原理，创始人的真心决定了品牌的基因，所以锐言提出让喝水与善同行，并将品牌命名为"善随行"，希望更多人"喝健康水，如善随行"。这也是品牌的广告语，表意上告诉消费者，健康水就是善随行，要喝健康水就喝善随行；另外暗示人们在喝水时，不要忘了这个世界上还有很多人缺少健康饮用水，喝善随行水就是行善，因为善随行致力于公益事业。心存善念的水妈妈在传播健康饮水理念的同时，呼吁大家一起关爱和帮助那些饮水困难的孩子们，并承诺在卖水的同时，致力于帮助更需要的人，通过"善随行"改善全球孩子的饮水问题。

喝健康水 如善随行

巴马天然山泉水 SHAN SUI XING

锐言为善随行构建品牌价值系统：

品牌使命——改善全球孩子的健康饮水问题。

品牌定位——帮助天下孩子健康喝水的妈妈。

品牌价值观——水妈妈认为，拥有健康和快乐才是真正的幸福；水是生命之源，好水滋养身体，让人获得健康；慈善是福报之源，行善积福，快乐永存。

品牌广告语——喝健康水，如善随行。

善随行先是公益品牌，然后才是商业品牌，真正用公益的心去做商业，真心是解决孩子的健康饮水问题，真言是传播健康行善理念，真行是与慈善机构、民间求援组织联合行动，将健康水输送到更有价值的地方。因为有了利他无我的真心，就能感召更多爱心人士关注并投入公益事业，让喝善随行的消费者通过喝水就能做公益，让更多人因为善随行而得到健康和快乐。

客户评价

  2017年，我开始为了水的事业而奔波，走了很多弯路，之后遇到了梁老师。他跟我说了品牌的故事、品牌的规划、品牌的强大，以及品牌的深入人心，我听了非常敬佩。认识梁老师之后，我跟梁老师说了我做水事业的过程，梁老师帮我起了非常好听、容易记又清澈纯真的名字叫"善随行"。同时，还设计了非常灵动的图形，两片重叠的树叶中间有一滴水珠，现在已经注册成为商标。当梁老师把起好的名字告诉我时，我非常兴奋，太合我意了，这就是我喜欢的名字，"善随行"让我一生与善随行，以水行善，善行天下。这些都是我一生为之奋斗的目标，希望能够尽最大的努力做好善随行的健康好水事业。

  梁老师的品牌设计是非常好的，以前我们不懂如何打造品牌，近些年来各级都开始重视品牌构建，梁老师的《因果品牌》能帮助更多企业成就品牌，引导更多企业向善。我相信品牌的力量，总有一天人人都会知道"善随行"这个品牌，也会知道善随行的设计者——梁宏宁，还有善随行的创始人——林英花！再次感恩梁老师！

——**善随行创始人 / 林英花**

◎讲实例六：
蓄电池品牌 / 启旺品牌全案

启旺卖的是电池，更是奋斗的源动力。

启旺蓄电池深耕汽车蓄电池行业30年。启旺品牌创始人罗伟一直专注蓄电池领域，但是近些年却看到他的经销商们生意越来越难做，竞争压力前所未有，所以罗总发愿要帮助他们突破销售瓶颈。罗总认为，只有启旺品牌有价值，才能真正赋能给经销商；只有启旺品牌具有价值，用户才想购买启旺。启旺的渠道能力非常强，而品牌力却跟不上，所以在终端经常被迫打价格战，导致利润越来越薄。

罗总说："汽车蓄电池这个行业，产品非常低频，而且行业里面几大巨头在市场上已经根深蒂固，经销商也无处不在。"那么，启旺要做一个品牌是不是没有希望了呢？按照传统思维来讲，可以说是没有机会了。一个新品牌怎么能和大品牌竞争呢？绝不可能的，这就是很多传统企业的错误思维。

我和罗总相识已有多年，经常交流探讨品牌的思维和理念，罗总清晰地看到了希望。他说："我们不要和大品牌直接竞争，我们要做个性化品牌，服务启旺的目标客户，我们不是

要和大品牌抢客户，而是找到和大品牌不一样的定位，因为我们真正的竞争对手不是别人而是自己。"我听到罗总这样说，我就知道做品牌的时机到了。最终启旺把自己定义为：奋斗者专属的蓄电池品牌，瞬间和所有的品牌区分开了，传统品牌都只在产品技术上传播、只谈技术、只和车有链接，而启旺品牌真正将电池和人链接起来，让汽车有源动力的同时也让选择启旺的车主获得奋斗的源动力，给正在奋斗的车主一个选择的理由，成功占位奋斗者的蓄电池。选择启旺的车主可以表明自己的态度和身份——我是奋斗者，我拒绝平庸。品牌与用户产生共鸣，吸引价值观相同的用户购买启旺电池，而不仅仅是对比产品的技术和企业规模。

锐言为启旺构建品牌价值系统：
品牌使命——为奋斗者赋能。
品牌定位——奋斗者专属蓄电池。
品牌口号——启旺电池，拒绝平庸。
营销广告语——启旺蓄电池，好车都在用。

品牌可以划分族群，所以品牌是一群人表达自己和彰显自己价值的工具，未来用启旺品牌的都是奋斗者、追梦人，有人为了表达自己是奋斗者而选择启旺，这就是启旺不断践行的宗旨，让奋斗者的精神凝聚在品牌上，让品牌赋能更多奋斗者。启旺创始人的真心是帮助和他一起奋斗的经销商突破销售瓶颈，帮助走在奋斗路上的车主获得奋斗的源动力，帮助奋斗者找到归属感。有了真心的指引，启旺举办"全国汽车蓄电池拆装大赛"为行业赋能，为行业的创业者创造机会，实现梦想。启旺发起创业帮扶活动，为更多年轻创业者提供创业机会。启旺用真行兑现品牌承诺，让品牌价值一步步提升，让品牌价值真正赋能给奋斗者。"启旺蓄电池，好车都在用"，这句广告语给了消费者不一样的选择标准和理由，在认知上改变消费者对启旺的判断——好车用的电池，就是好电池。因为车主无法直接判断什么电池是好的，好车都在用的电池应该就是好的，这就是从认知上占位一个卖点，帮助消费者做决策——不买更好的，只买好车用的。

客户评价

  在内卷严重的市场环境中，消费者的品牌意识越来越强烈，作为传统的汽车启动蓄电池企业，我一直探索"如何让启旺汽车蓄电池品牌脱颖而出"。我是一个奋斗者，我想和我一样有梦想有追求的人非常多，我们的汽车需要源动力（蓄电池），我们奋斗者又何尝不需要源动力呢？梁总帮我找到了我内心深处想要表达的观点，结合我的经历和品牌情况，将启旺身份定位为奋斗者专属蓄电池品牌。我是奋斗者，我想让每一位奋斗者都用上启旺蓄电池，蓄电池是汽车的源动力，而启旺品牌拒绝平庸的价值观就是奋斗者的源动力！感恩梁总的因果品牌让启旺种下一颗奋斗的种子，我相信启旺一定会成为真正赋能奋斗者的品牌。

——启旺品牌创始人 / 罗伟

◎讲实例七：
大米品牌／喜和悦品牌全案

喜和悦卖的是大米，更是喜悦的生活方式。

背景：喜和悦品牌大米的种植基地位于桂林市全州县，这里气候温和，雨量充沛，光照充足，四季分明，昼夜温差大，耕地土壤沙粘适中。得天独厚的大米生长环境，赋予了全州大米颗粒均匀、晶莹剔透、粘度适中、香甜可口、营养丰富等特性。喜和悦的大米拥有六重精选标准，致力于将优质的全州香米推向全国，让更多人吃到健康好大米。他们的理念是：每日鲜米，精致生活。

品牌诊断：市场上不缺大米，更不缺一款好大米，由于大米行业鱼龙混杂，好坏难辨，竞争压力可想而知。如果单靠对大米的品质进行推广，设计一款包装，把公司种植环境、公司规模、公司团队等进行宣传，想要获得消费者的信任并购买，那就是天方夜谭了。今天的消费者不缺一款产品，缺的是一个品牌，一个能够改善他们的生活、提升生活品质的品牌。所以，第一步必须打造一个具有差异化特征的品牌，才能在市场中获得消费者的心。

品牌策略：锐言为全州香米构建了一个全新的品牌，从命名到品牌文化，再到视觉的呈现，以及产品包装和专卖店的形象设计，全部环环相扣，打造一个能够帮助消费者创造价值、提升生活品质的品牌。

锐言为喜和悦构建品牌价值系统：
品牌命名——喜和悦。
"喜和悦"这个品牌名称自带流量，是所有人都喜欢的状态，人人都希望遇到的所有人、事、物都是"喜和悦"，喜和悦能够很快地融入生活中并且受人喜爱，成为人们传情达意的工具。喜悦生活，自然精致，道出了生活的真谛。自带能量的品牌名称，可以节省大量的宣传成本。

品牌承诺定位——让每个人的生活都充满喜和悦。
品牌价值观定位——生活，有喜悦才精致。

品牌身份定位——高端精致生活引领者。
品牌口号——喜悦生活，自然精致。
产品推广口号——精选好大米，就在喜和悦。

当所有人到处在寻找精选好大米的时候，喜和悦给出了答案——好大米，就在喜和悦。喜悦生活，自然精致，精选好大米自然就在喜和悦。精选和精致生活的关联，让消费者选择起来更放心、更开心。

喜和悦一经上市，就得到了广大消费者的青睐，喜悦的生活方式，人人都向往，要喜悦就从喜和悦大米开始。消费者生活就应该充满喜和悦，找到工作就是喜和悦，考上大学就是喜和悦，结婚就是喜和悦，过年过节就是喜和悦，回家团圆就是喜和悦，升职加薪就是喜和悦，大学毕业就是喜和悦，将喜和悦融入生活，如果你喜悦或者渴望喜悦就吃喜和悦大米。

客户评价

  我们有好的大米，但是缺一个让客户购买的理由。我一直有这个意识，如果是纯粹卖大米的话，很难在激烈的竞争中脱颖而出，所以我们必须给大米附加一个价值，给用户选择我们的理由，才能真正把好大米送到消费者的手里。我找了不少策划公司，最终选择锐言，是因为梁总的品牌打造系统简单明了，直切要点。从品牌命名到定位再到设计都交给梁总，这样才能更加系统，让名字自带流量，节省解释成本。结果出来后果真不负众望，大家非常喜欢这个品牌，一个好的种子是品牌成功的基石，接下来我们的营销将变得非常清晰。这就是因果品牌的价值所在，先有因，通过我们的经营管理，才会结果，这也是我一开始就找梁总的原因，非常感恩。

——喜和悦品牌创始人 / 陈鑫

◎讲实例八：
二手车品牌/红冠马品牌全案

红冠马是高端二手车品牌，更是环保主义者。

背景：2008年，红冠马在一个不到50平方米的办公室里起步，手上只有几台车。2015年，变成了500平方米，2018年，又增加到了1000平方米，2021年红冠马的展厅变成了6000平方米，车辆随时保有上百台。红冠马从一个无名之辈，经过十几年的奋力拼搏，如今已经走到行业前列。

我和红冠马创始人黄邦影相识的时候，红冠马规模并不是很大，但是黄总给我最大的印象就是非常热爱学习，每年都会花费大量的经费和时间去提升自己。当我问黄总为什么这么拼时，黄总说："红冠马取得了很大的成绩，同时责任也变得越来越大。我们不能只为自己着想，我们要肩负起行业的责任，肩负起社会责任，只有这样红冠马才有价值，也只有这样红冠马才有未来。我想，二手车做到今天，我们有能力改变一些东西，我们不只是为了挣钱而存在，我们可以变得更伟大。所

红冠马始于2008年

高端二手车环保主义者

创造二手车行业新高度

以，我必须不断学习，才能实现伟大的梦想。十几来年来，我有幸见证着二手车行业的发展，也看到了一些行业乱象。红冠马时刻提醒自己，不管行业中间存在多少问题，都要保持自己的初心，绝不买卖各种问题车，诚信为本，善行天下，才能赢得广大客户和伙伴的信赖与支持。"

  品牌诊断：经营二手车的企业很多，市场乱象也依然存在，导致消费者对经营者的信任度较低。行业需要规范和提升服务标准与价值，让更多人愿意购买二手车，红冠马作为行业先驱者和二手车行业协会发起单位，有义务有责任肩负起提高行业价值、规范行业秩序的职责，让更多人愿意购买二手车，让二手车行业得到更好的发展。锐言团队调查发现，二手车行业的发展对于改善全球环境问题有着非常重要的意义，可以有效降低碳排放增量。品牌解决的问题越大，其价值就越高，承担的责任越大,影响力就越大。

消费者需求:给消费者买二手车的理由,给消费者炫耀的冲动,为消费者代言。

行业需求:行业需要规范和提升服务标准与价值,让更多人愿意购买二手车。

社会需求:保护环境需要品牌通过经营二手车"有效控制碳排放增量"。随着我们的生活水平越来越好,汽车越来越多,我们的生活环境却变得越来越差,因为汽车已经成为最大的污染源之一。某官方调查数据显示:一辆普通家用汽车一年碳排放量超过2.7吨,要把这些碳净化需要88棵树,很显然种树的速度远远跟不上汽车的增量。红冠马是不是能为这个地球做点有益的事情?

红冠马高端二手车率先看到了二手车行业对环保的重要性,锐言为红冠马制定了全新的身份,将红冠马品牌定位为"高端二手车环保主义者"。在"支援环保,拯救地球"的伟大使命感召下,秉承"爱车,更爱环境"的核心价值观,践行"创造二手车行业新高度"的目标,全体员工凝聚在一起,让大家相信"朋友买二手车,红冠马更靠谱",实现"每个人都

选择红冠马二手车"的伟大愿景。

锐言为红冠马构建品牌价值系统：
品牌使命定位——支援环保，拯救地球。
品牌身份定位——高端二手车环保主义者。
品牌口号——创造二手车行业新高度。
营销口号——朋友买二手车，红冠马更靠谱。

表达出红冠马像朋友一样为你选车，言外之意是：朋友买二手车，就推荐红冠马，更靠谱，更放心。快速和消费者站在一起，买车找朋友的习惯与消费者产生共鸣。"更靠谱"具有竞争力，意味着超越消费者原先的认知，增强竞争威力。

品牌核心价值观定位——*爱车，更爱环境*。
引导消费者更注重环境，我们可以很爱车，但是我们更爱环境，选择二手车就是选择保护环境，让更多有相同价值观的

红冠马始于2008年

朋友买二手车 红冠马更靠谱

创造二手车行业新高度

人选择二手车，选择红冠马，选择做一个环保主义者，我们的环境如此美好就是因为越来越多的人选择了二手车。让买二手车这件事，成为更加骄傲和有意义的事情，有炫耀的冲动。

真行——品牌环保行动。

有了好的发心、好的语言，就要付诸行动，才能兑现品牌承诺。红冠马确定环保主义者的身份后，不断践行诺言，让环保与品牌融为一体，真正为环保事业做贡献，每天践行"支援环保，拯救地球"的使命。红冠马爱车更爱环境，希望更多的车主加入。红冠马将植树作为品牌核心经营活动，汽车对环境会造成污染，红冠马用种树来弥补，长此以往积少成多，红冠马就是名副其实的环保主义者。他们卖的每一辆车都是在践行环保的责任，车主买红冠马二手车就是支持环保。

通过品牌价值系统的构建，让红冠马具备了差异化的竞争优势，站在行业的顶端，给用户买二手车创造了巨大的价值感和自豪感。

客户评价

我和锐言设计合作了很多年，从最初的红冠马标志到后来的红冠马整体战略定位，都出自梁总之手。可以说梁总见证了红冠马的发展，我也见识了梁总的实力。一个企业从销售产品到构建品牌的过程确实需要系统的定位和清晰的规划。当红冠马发展到一定程度时，我们考虑的不仅仅是眼前利益，更是对行业和社会的担当，梁总为我们构建的品牌思路非常精准地表达了我的想法。创造二手车行业的新高度，这也是红冠马不断践行的方向，为行业发展、为环保事业做贡献，践行"支援环保，拯救地球"的使命，解决了我所有的困惑，而且让红冠马有了新的生命力。对于品牌顶层构建，梁总绝对是高手，他的品牌打造方法非常有效。感谢梁总的付出和支持。

——红冠马创始人／黄邦影

◎所有的品牌都值得称赞

看完所有案例，我相信你会问：为什么没有讲非常知名的品牌？为什么没有讲已经取得重大成功的品牌？其实我知道你会这么问，这说明大部分的人都觉得：大品牌才是品牌，知名度非常高的品牌才是品牌，大企业才能做品牌，很多中小企业陷入了非常大的误区，甚至成了不做品牌的借口，这就是我写这本书的意义所在。

我希望通过这些中小企业的品牌构建思路，让更多的人都看明白品牌构建如何从零开始，看清楚是什么决定了该不该做品牌，如何做品牌才能更快成功。这些品牌不管未来怎么样，或许非常成功，又或许不那么有影响力，这些都不重要，最重要的是他们的起步比大部分企业更快、更好、更节省成本。

不管我们的企业能走多远，当下做的事情，决定了未来的成果。希望通过对这些案例的解读，能让你更加了解因果品牌的规律，可以把它用在自己的品牌构建上，让自己的品牌快速崛起，少走弯路。

案例始终是案例，案例始终是别人的，看完别人的案例最重要的是要思考自己的品牌。如果你正信品牌的力量，从现在开始就去打造品牌，没人能阻止你成功，除非你不相信。

去开启你的品牌之路吧！

后 记

当我说要写这本书的时候,我是忐忑不安的,因为当我对外界说我要写书时,听到很多声音:有人说,你还没有成功就写书,不会有人看的;有人说,你还没有帮助过一家企业成为超级大品牌,你写的书没什么分量;还有人说,你没有在大企业工作过,你对运作大企业是陌生的,怎么能出书呢?更有人说,你没有出国镀金,你写的东西肯定没有价值。听到这些反馈的时候,我犹豫了,到底先成功还是先写书?我纠结了很久,我想这些都是事实,我问自己我真的没有资格出书吗?难道我要去大企业上班,然后取得成功,家财万贯,还要帮助一家小企业变成超级大品牌之后,才能写书吗?

当我皈依三宝后,圣玄师父说:"没有人规定成功才可以写书,失败也是可以写书的,也没有人规定有大成就的人写书才有价值,关键是要有一颗菩提心。你日常的言行都可以影响人,更何况写书。要随机而动,帮助需要你帮助的人,帮助与你有缘的人,唤醒愿意被你唤醒的人。"

圣玄师父的开示,让我生起了无上的信心,我想起在近20

年来的咨询工作中，很多企业家对我说："和你交流完，真是打破了我的认知，让我的企业少走了很多弯路。"看到他们有如此大的启发，我开始举办公开课，截至本书出版前，已经连续举办因果品牌公开课近百场，近5000人受益。通过学员反馈，他们都因此获益良多，在经营品牌上少走了很多弯路，但是公开课这种形式传播速度太慢，也就意味着能帮助的人非常有限，为了让更多人受益，才有了《因果品牌》这本书的出版发行。希望能通过书的方式，将品牌快速崛起的底层逻辑传递给更多的企业家和创业者，帮助企业走出品牌误区，走上品牌正道。本书得以出版还要特别感恩圣玄师父为书稿绘制觉性插画，给予指引和加持。

《因果品牌》不仅阐述品牌构建的前因后果和方法，其中也包含着因果规律，这是宇宙的规律，希望有缘读到此书的人，都能正信因果，实现人生的价值。希望借助此书，唤醒更多人的智慧，书中种种观点有不当之处，望各位同修和读者能指正，也祈愿得到大家的谅解。

2022年岁末

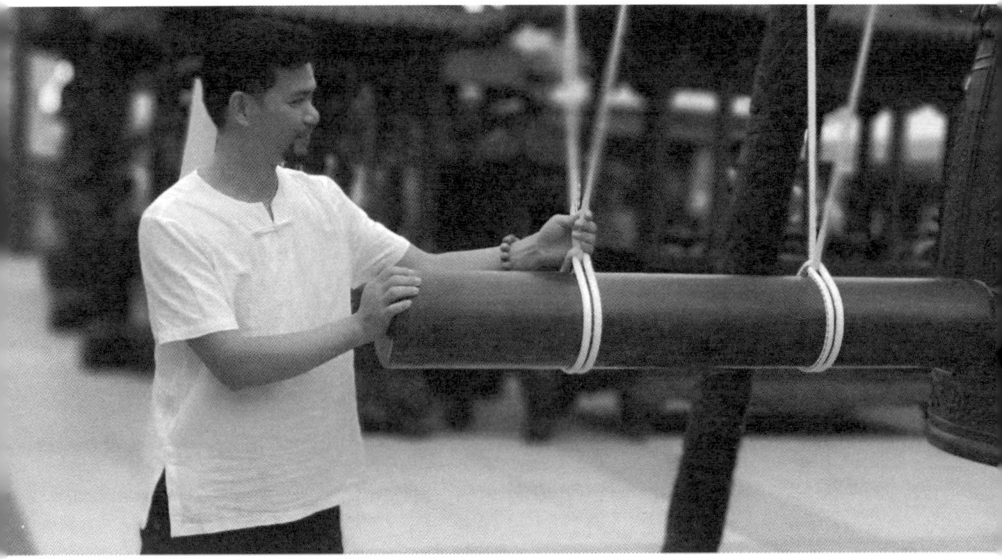

梁宏宁，法号妙心居士，1984年生于广西南宁，国际设计师协会会员，锐言品牌设计公司创始人，深耕品牌战略咨询规划、品牌策划设计近20年，曾荣获国内外设计奖50多项，服务过上百家中小企业及多家上市公司。截至本书出版前，已经连续举办线下因果品牌公开课近百场，近5000人受益。

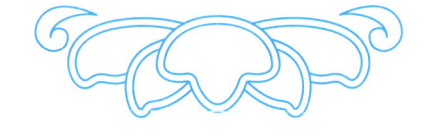

因果品牌，
智慧如海。
若有见闻，
发利他心。
分享无尽，
利益大众。